Silvia Fauck

Die 7 Fallen der Liebe

HERDER spektrum

Band 6185

Das Buch

Wenn Menschen sich Hilfe bei der Liebeskummerexpertin Silvia Fauck suchen, ist es in der Regel schon zu spät ... Die Liebe ist zerbrochen, das Leid ist groß und guter Rat ist teuer. In ihrem neuen Buch geht Silvia Fauck deshalb einen Schritt zurück: Sie zeigt auf, wo sich die häufigsten Liebeskummer-Fallen verbergen und wie man ihnen vorbeugen kann. Zu jeder der 7 Liebesfallen erzählt die Autorin 2 Geschichten, die sie in der Praxis erlebt hat, Geschichten, die erkennen lassen, woran die Liebe zerbrechen kann, wo höchste Aufmerksamkeit geboten ist. Im Anschluss an jede Geschichte gibt die Autorin Tipps, wie Paare mit einer ähnlichen Situation umgehen können. Im zweiten Teil des Buches erhalten die Leserinnen und Leser Hinweise und konkreten Rat, was sie tun können, um ihr Liebesglück zu bewahren.

Die Autorin

Silvia Fauck ist psychologische Beraterin und betreibt in Hamburg und Berlin die erste Liebeskummerpraxis Deutschlands. Bisherige Veröffentlichungen: *Liebeskummer. Wenn das Herz zu brechen droht* sowie *Das Liebeskummer-Buch für Männer. Geschichten und Tipps.*

Silvia Fauck

Die 7 Fallen der Liebe

Wie Sie vorbeugen

Geschichten und Tipps von
der Liebeskummerexpertin

HERDER

FREIBURG · BASEL · WIEN

Ich widme dieses Buch:
Mit einem Lächeln Mr. Jacobs!

Mit herzlichem Dank auch an Sabine Barz, die mir mit ihrem Können die wertvollste Hilfe bei der Entstehung dieses Buches war: www.write-now.de

Einen herzlichen Dank an Herrn Torsten Klatt-Braxein für sein Feedback zu den Geschichten.

Originalausgabe

© Verlag Herder GmbH, Freiburg im Breisgau 2009
Alle Rechte vorbehalten
www.herder.de

Umschlagkonzeption und -gestaltung:
[rincón]² medien GmbH
Umschlagmotiv: © BORTEL Pavel / shutterstock.com
Foto der Autorin: © Silvia Fauck

Satz: de·te·pe, Aalen
Herstellung: fgb · freiburger graphische betriebe
www.fgb.de

Gedruckt auf umweltfreundlichem, chlorfrei gebleichtem Papier
Printed in Germany

ISBN 978-3-451-06185-1

Inhalt

Einleitung

Kann eine Liebe ein Leben lang halten? – Diese Frage wird mir von meinen Klienten in der Liebeskummerpraxis häufig gestellt. Viele von ihnen sind in diesem Moment in einem Zustand, in dem sie den Glauben an die Liebe fast oder ganz verloren haben. Sie erleben gerade eine schmerzhafte Trennung, die sich entweder über einen langen, quälenden Zeitraum angebahnt oder ihnen vollkommen aus dem Nichts das Herz förmlich zerrissen hat.

Ich antworte auf die Frage immer mit einem entschiedenen »Ja«. Ja, es gibt sie, die große Liebe, die ein Leben lang hält, bis dass der Tod die Partner scheidet. Aber – und dieses »Aber« muss ich ebenso bestimmt hinterherschicken: Es ist nicht leicht! Es bedeutet, aufmerksam zu bleiben für die eigenen Erwartungen und die Erwartungen des anderen. Es heißt, aktiv die Beziehung zu pflegen und dafür auch den einen oder anderen Kompromiss in Kauf zu nehmen. Und es erfordert manchmal, im richtigen Moment die Notbremse zu ziehen und sich professionelle Hilfe zu holen.

Aus der Erfahrung, die ich in den vergangenen sieben Jahren in meiner Liebeskummerpraxis in Berlin und Hamburg sammeln konnte, weiß ich: Es gibt Beziehungskonstellationen, die im Hinblick auf Beziehungskrisen und Trennungen besonders gefährdet sind. Und meistens realisieren die Betroffenen erst viel zu spät, dass sie in eine dieser typischen »Liebeskummerfallen« getappt sind. Wenn sie bei mir in der Praxis sitzen, wurden sie entweder bereits von ihrem Partner verlassen oder sind selbst kurz davor, diesen Schritt zu tun.

Doch wo verbergen sich diese Liebeskummerfallen? Von welchen Beziehungskonstellationen spreche ich, wenn ich »besonders gefährdet« meine?

Sie lassen sich in sieben Bereiche gliedern, die in diesem Buch anhand von je zwei Fallgeschichten aus der Liebeskummerpraxis veranschaulicht werden. Außen vor geblieben ist dabei das

Thema Eifersucht – es könnte in seiner Komplexität sicher ein eigenes Buch füllen.

Da ist zunächst die Fernbeziehung, bei der die Partner keine Perspektive haben, mittelfristig in derselben Stadt oder Region zu leben. In der Fernbeziehung ist es besonders schwer, am Leben und vor allem am Alltag des anderen teilzuhaben und ein Gefühl von Vertrautheit, Nähe und Geborgenheit aufzubauen oder zu erhalten. Die beiden Geschichten im Kapitel über die Fernbeziehung zeigen, wie zermürbend ein solches Leben sein kann – und sei die Liebe noch so groß.

Ein Klassiker, bei dem das Liebesglück immer auf Messers Schneide steht, ist daneben natürlich die Beziehung, in der einer oder gar beide Partner regelmäßig fremdgehen – ob es nun immer mal wieder »nur« für einen One-Night-Stand ist oder über einen längeren Zeitraum quasi eine »Parallelbeziehung« gelebt wird. Auch Beziehungen, die sich bereits über mehrere Jahrzehnte lang »bewährt« haben, wie im Falle von Anne und Ulrich im Kapitel 2, sind vor dieser Liebeskummerfalle nicht gefeit.

Eine nicht zu unterschätzende Herausforderung stellt für viele Paare auch das Leben mit einem Kind dar. Besonders wenn man zuvor jahrelang ohne Kind zusammengelebt hat, kann so ein kleiner »Eindringling« das Leben extrem durcheinanderwürfeln, selbst dann, wenn beide sich eine Familie mit Kind/ern gewünscht haben. Aber ebenso kann der umgekehrte Fall manchmal »fatale« Folgen haben: Ein unerfüllter Kinderwunsch hat schon so manches Loveboat zum Kentern gebracht.

Liebeskummerfalle Nr. 4 besteht in einer aktuellen Zeiterscheinung: Die Partner bringen nicht mehr genug Zeit füreinander auf. Unsere Terminkalender sind heute selbst am Wochenende so voll, dass ein Vormittag im Bett oder ein romantisches Candle-Light-Dinner kaum noch möglich sind, ohne dass man sich vorher beim Partner einen Termin dafür hat geben lassen. Ganz gleich, ob dieser ewige Zeitmangel nur einen oder beide Partner betrifft – er ist ein absoluter Beziehungskiller.

Mit dieser Entwicklung korreliert übrigens ein weiteres Phänomen, das noch relativ neu ist: Wenn beide Partner berufstätig sind und sich auch die Kindererziehung und alle anderen Aufgaben im Haushalt teilen, geht damit häufig unterschwellig ein Rollenkonflikt einher. Dem Mann fehlt dann der Raum, sich männlich zu fühlen, derjenige zu sein, der abends als »Held der Arbeit« nach Hause kommt und von der Ehefrau umsorgt wird. Und auch Frauen wünschen sich so manches Mal die konservativen Klischees zurück. Sie möchten dann vielleicht einmal schick ausgeführt werden und am Ende nicht die Rechnung zahlen, obwohl sie doppelt so viel verdienen wie ihr Partner. Diese Liebeskummerfalle ist sicherlich der »Geheimtipp« unter den hier vorgestellten Konstellationen, denn sie ist besonders komplex.

Zwei weitere Krisenfaktoren begegnen mir in meiner Praxis in letzter Zeit immer häufiger: Da ist zum einen der Aspekt »Ausbruch statt Auseinandersetzung«. In diesem Falle liegt bei einem Partner ein verstörendes Erlebnis aus der Vergangenheit zugrunde, das nicht ausreichend verarbeitet wurde. Es führt dazu, dass der/die Betroffene in jeder Beziehung immer wieder auf dieselben Probleme stößt und daraufhin immer wieder auf dieselbe Weise scheitert. Die beiden Geschichten in diesem Kapitel verdeutlichen, dass hier häufig nur mit professioneller Hilfe eine neue Richtung eingeschlagen werden kann.

Zum anderen ist unser Alltag heute insgesamt so schnelllebig geworden, dass wir ohnehin immer mehr dazu neigen, beim kleinsten Hindernis die Flinte ins Korn zu werfen. Diese Einstellung hängt möglicherweise auch mit unserem Konsumverhalten zusammen, nach dem Motto: Weist die alte Beziehung schon ein paar »Gebrauchsspuren« auf, muss eben eine neue her. – Aber wie häufig habe ich es erlebt, dass Menschen dieses leichtfertige »Wegwerfen« hinterher bitterlich bereut haben und in meiner Praxis sagen: »Schade, dass ich nicht durchgehalten habe!«

Nun mag man vielleicht annehmen: Eine Liebeskummerpraxis lebt ja davon, dass Menschen mit Liebeskummer dort hinkommen. Warum sollte ich also ein Interesse daran haben, Liebeskummer zu verhindern? – Dazu kann ich sagen, wer mich oder eines meiner anderen Bücher kennt, weiß, wie sehr ich selbst unter der Trennung von meinem letzten Partner gelitten habe. Diesen Schmerz, diese Verzweiflung, diese Trostlosigkeit würde ich selbst meinem ärgsten Feind nicht wünschen. Deswegen kann ich jedem Menschen in fester Partnerschaft nur raten: Gehen Sie Probleme in der Liebesbeziehung rechtzeitig an. Sprechen Sie mit Ihrer Partnerin oder Ihrem Partner über das, was Sie bedrückt oder beschäftigt. Kommunikation ist das wichtigste Mittel, um eine Partnerschaft lebendig zu halten. Ausführliches dazu liefert Ihnen der zweite Teil dieses Buches »Die Liebe lebendig halten«. Hier finden Sie zu jeder der vorgestellten Liebeskummerfallen ausführliche Analysen und Tipps, um konstruktiv mit der Situation umzugehen, bevor es zu spät ist. Durch wertvolle Einschätzungen des Paar- und Familientherapeuten Torsten Klatt-Braxein sowie durch zahlreiche Studien des Partnerportals Elite-Partner.de werden meine Ausführungen ergänzt.

Und ebenso wie für das vorangegangene Buch habe ich wieder eine Umfrage gestartet und gefragt: Was wünschen Sie sich in einer Beziehung oder Ehe von Ihrem Partner/Ihrer Partnerin? Wie halten Sie Ihre Partnerschaft langfristig frisch? Wo liegen für Sie die größten Stolpersteine für Beziehungen? Die Antworten finden Sie im zweiten Teil am Ende der Kapitel sowie im Abschnitt »Glücksrezepte – Die Beziehungsgeheimnisse von Menschen, die eine harmonische Partnerschaft leben«.

Allen Klienten und Freunden, die mir einen Einblick in ihre persönliche Geschichte gewährt und sich an meiner diesjährigen Umfrage beteiligt haben, möchte ich an dieser Stelle ganz herzlich danken. Ein besonderer Dank gilt außerdem meinem Kollegen Torsten Klatt-Braxein für seine Mitarbeit an diesem Buch.

Teil I
Die 7 Fallen der Liebe: Geschichten und Tipps aus der Liebeskummerpraxis

Liebeskummerfalle Nr. 1: Fernbeziehung

Die große Liebe zwischen emotionaler Nähe
und räumlicher Distanz

Amor sucht sich nicht immer den passenden Ort und den passenden Zeitpunkt im Leben derjenigen aus, auf die er mit seinem Liebespfeil zielt. So trifft er eben manchmal zwei, die in Hamburg und München zu Hause sind oder in Berlin und Wattenscheid. Und solange das Paar auf Wolke Sieben schwebt, erscheint beiden Partnern jede räumliche Distanz überwindbar, wenn man nur fest genug an die Liebe glaubt.

Doch mit dem sich normalisierenden Beziehungsalltag kommen meist auch die ersten Probleme: Da fährt der Mann beispielsweise dreimal so häufig zur Frau wie umgekehrt, weil ihre Wohnung doch viel kuscheliger ist. Gleichzeitig bezahlt er aber auch dreimal so hohe Reisekosten für das gemeinsame Beisammensein wie sie.

Spontane Aktivitäten sind so gut wie unmöglich, weil der Partner auf Besuch die passenden Schuhe nicht dabei hat oder weil man dann den gebuchten Zug am Sonntagabend nicht erreichen würde.

Spätestens wenn das Misstrauen Einzug hält, weil ein Partner den anderen am Vorabend telefonisch nicht erreichen konnte, ist es höchste Zeit für eine grundsätzliche Veränderung. Denn eine Fernbeziehung kann nur bestehen, wenn sie ein Ziel hat, auf das beide Partner mit gleichem Antrieb zusteuern. Im besten Falle besteht dieses Ziel darin, zum Zeitpunkt X in derselben Stadt zu leben. Wer diesen Punkt einfach übergeht, hat die größten Chancen in die Liebeskummerfalle Nr. 1 zu tappen, wie die beiden folgenden Geschichten zeigen.

Die Geschichte von Sonja und Theo

Sonja und Theo lernen sich in einem Club-Urlaub in Griechenland kennen. Sie ist 45 und seit zwei Jahren Single, er ist 46, seit 16 Jahren verheiratet und hat zwei Töchter im Alter von elf und 14 Jahren. Als die beiden zum ersten Mal beim Abendessen miteinander ins Gespräch kommen, ist sofort klar: Da stimmt die Chemie und vielleicht sogar noch einiges mehr …

Doch während des Urlaubs geht es zwischen ihnen noch ganz harmlos zu. Theo ist schließlich mit seiner Familie da, und es ergeben sich nur wenige Gelegenheiten für »unauffällige« Treffen und Gespräche beim Essen, am Pool oder abends an der Bar. Nach zwei Wochen heißt es für beide, die Koffer zu packen und in ihren Alltag zurückzukehren – Sonja nach Hamburg, Theo nach Bremen. Natürlich tauschen sie vorher ihre Telefonnummern aus, doch Sonja weiß, dass dieses Abschiedsritual nicht unbedingt etwas zu bedeuten hat. Wie viele Telefonnummern von Urlaubsbekanntschaften hat sie selbst in den letzten Jahren beim nächsten Aufräumen des Schreibtisches einfach weggeworfen?

Mit Theo läuft es aber anders. Fünf Tage nach ihrer Rückkehr ruft er Sonja vom Büro aus an und im Nu haben sie sich festgequatscht. So bleibt es nicht bei dem einen Telefonat, und bald werden die Gespräche zu einem festen Bestandteil ihres Alltags. So geht es sechs Wochen lang, bis Sonja schließlich ihren Mut zusammennimmt und ein Treffen in Hamburg vorschlägt.

So nah Sonja und Theo sich bereits auf intellektueller Ebene bei ihren vielen Ferngesprächen waren, so plötzlich funkt es zwischen ihnen dann auch körperlich. Nach einem intensiven Wochenende zu zweit wissen beide: Das ist keine kurze Affäre, sondern eine große Liebe, vielleicht DIE große Liebe ihres Lebens.

Theo macht deshalb zu Hause auch sofort reinen Tisch: Er erzählt seiner Frau, mit der er ohnehin seit Jahren keinen Sex mehr hatte, dass er sich verliebt hat und sich trennen will.

Damit sei die wichtigste Voraussetzung für ihr gemeinsames Glück geschaffen, meint Theo, und alles andere wird sich dann schon finden. Sonja schwebt zwar auch auf Wolke Sieben, aber ganz so positiv wie Theo sieht sie die Dinge nicht. Zwar ist die

Entfernung zwischen Hamburg und Bremen im Grunde kein großes Hindernis, aber eine spontane Einladung zum Essen oder ein kuscheliger Abend auf dem Sofa bei Rotwein und einem guten Film sind doch nicht drin. Hinzu kommt, dass Theo beruflich sehr häufig unterwegs ist. Oft muss er wegen dringender Termine noch im letzten Moment seine Pläne ändern, fliegt doch nicht über Hamburg oder muss von dort aus gleich weiter ans andere Ende der Welt. Noch dazu hat er ein sehr zeitaufwändiges Hobby: Er fährt Oldtimer-Rennen, die an den verschiedensten Orten in ganz Europa stattfinden. So sind viele Wochenenden schon seit Monaten verplant. Sonja fühlt sich deshalb permanent wie in der Warteschleife. Die Sehnsucht, die sie von Anfang an hatte, wird nie wirklich gestillt.

Immerhin schafft es Theo nach neun Monaten zwischen seinen zahlreichen Terminen endlich, sich eine eigene Wohnung in Bremen zu mieten. Nun kann Sonja auch mal ein paar Tage bei ihm verbringen, seine wenigen Freunde kennenlernen und eine leise Ahnung davon bekommen, wie es wäre, mit Theo den Alltag zu teilen.

Wenn sie dann endlich zusammen sind, verbringen Sonja und Theo aber eine sehr schöne und intensive Zeit miteinander. Sonja versteht sich auch mit Theos Töchtern auf Anhieb gut, und sie fahren auch zu viert in den Urlaub.

Nach einem Jahr kommt aber zum ersten Mal die Frage auf: Wo soll diese Beziehung eigentlich hinführen? Nach Sonjas Empfinden kann es jedenfalls nicht ewig so weitergehen mit der Pendelei zwischen Bremen und Hamburg. Ohnehin finden die Treffen fast immer bei Sonja statt, denn der Wohlfühl-Faktor ist in ihrer Wohnung um ein Vielfaches höher als in Theos karg eingerichteter Behausung. Aber es ist eben Sonjas Wohnung, die sie für sich allein eingerichtet hat, und immer öfter bemängelt Theo, er habe bei Sonja keinen Raum für sich.

Wer zieht langfristig also zu wem in die Stadt? Theo hat in Bremen seine Firma und seine beiden Töchter, die ihn an die Stadt binden. Sonja absolviert gerade ein Studium in Hamburg und kann sich weder vorstellen, in das kleine »provinzielle« Bremen zu ziehen, noch möchte sie Theos Frau auf der Straße begegnen – zumindest, solange er noch nicht geschieden ist. Ein erstes ernsthaftes Gespräch über dieses Thema bleibt ohne konkretes Ergebnis.

Also geht es weiter wie bisher: Wenn es sich irgendwie einrichten lässt, treffen sich die beiden am Freitagabend in Hamburg oder in Bremen. Und wenn der andere, auf den man so lange gewartet hat, dann endlich da ist, ist es doch plötzlich so fremd zwischen ihnen, dass sie erst einmal ein paar Stunden brauchen, um wieder zueinanderzufinden. Der Samstag vergeht dann meistens ganz harmonisch, aber immer viel zu schnell. Und am Sonntag nach dem Frühstück ziehen bei Sonja regelmäßig die ersten Magenschmerzen auf, denn sie weiß, jetzt sind es nur noch wenige Stunden, bis Theo aus der Tür verschwindet oder sie selbst wieder im ICE nach Bremen sitzt. Nach einigen Monaten entwickelt sich daraus eine negative Eigendynamik: Sonja sitzt leidend am Frühstückstisch und Theo fühlt sich dafür verantwortlich.

»Du übertreibst es aber auch und verlangst immer mehr und mehr«, sagt er eines Tages unwirsch. »Wir sehen uns doch schon bald wieder.« Überhaupt kommt er mit der ganzen Situation offenbar wesentlich besser zurecht als sie. »Mir reicht es, dass ich weiß, dass wir uns lieben. Wir müssen uns doch deswegen nicht ständig sehen«, lautet sein Kommentar zu diesem Thema.

Doch für Sonja werden dieses ewige Koordinieren der Termine, das Pendeln zwischen Hamburg und Bremen und die ständige Telefoniererei, die die Sehnsucht nicht wirklich lindert, immer mehr zu einer Qual. Sie ist deshalb zu einem Kompromiss bereit: Sie würde nun doch nach Bremen kommen, wenn sie und Theo dort gemeinsam ein Haus kaufen und zusammenziehen.

Theo steht dem Vorschlag zunächst gar nicht abgeneigt gegenüber. Also beauftragt er einen Makler mit der Suche und an den folgenden Wochenenden schauen er und Sonja sich verschiedene Objekte an. Bald finden sie tatsächlich ein Haus, das ihnen gefällt und sogar einigermaßen erschwinglich ist. Als sie besprochen haben, was jeder zu investieren bereit ist, gibt Theo die ganzen Unterlagen und Zahlen an seinen Steuerberater weiter – und fortan wird über das Thema nicht mehr gesprochen. Auf Sonjas

Nachfragen weicht er aus, und schließlich liefert Theos Freund Gero ihr die Antwort: Theo habe sich die Sache doch anders überlegt. Er könne sich ein gemeinsames Haus mit Sonja, in das auch ihre Kinder und später wahrscheinlich die Enkelkinder häufig zu Besuch kommen, nicht so recht vorstellen. Das sei nicht das Leben, das er führen möchte. Sonja bleibt nichts anderes übrig, als das zu akzeptieren.

Obwohl sie im Grunde nicht daran denkt, sich zu trennen, ist Sonja mit der Situation zunehmend unzufrieden und wird immer häufiger krank. Vor allem, dass jeder beim anderen immer nur zu Gast ist, geht ihr auf die Nerven. Ständig muss man Sachen packen, auspacken und an alles denken, was man in den nächsten Tagen braucht, und doch ist man letztlich nie auf jede Eventualität eingestellt. Ein spontaner Ausflug ans Meer scheitert daran, dass der warme Mantel zu Hause geblieben ist; bei einem kurzfristig anberaumten Abendessen mit Freunden fühlt Sonja sich unwohl, weil die passende Garderobe fehlt.

Noch dazu ist die Küche in Theos Wohnung so spartanisch ausgestattet, dass es fast unmöglich ist, darin mal ein richtiges Essen zu kochen, und auch sonst ist die Wohnung eben irgendwie ungemütlich. Beklagt Sonja sich dann mal über fehlende Ablagemöglichkeiten im Flur, wo wegen der Fußbodenheizung mehrfach ein Lippenstift in ihrer Handtasche schmilzt, ist Theo sofort beleidigt. Umgekehrt beschwert er sich aber in Sonjas Wohnung, dass dort alles so sehr von ihrem Stil dominiert sei und er keinen Raum für sich habe.

Kurzum: Nach zweieinhalb Jahren haben sich Sonja und Theo bei einer ganzen Reihe von Themen förmlich in eine Sackgasse hineinmanövriert. Überall lauern Tabus, die es zu umschiffen gilt, denn die wenige Zeit, die sie gemeinsam verbringen, wollen sie schließlich nicht mit Streitereien vergeuden.

Sonja hatte mittlerweile alle Prüfungen für ihr Studium bestanden. In der anstrengenden Zeit hatte sie die Einsamkeit im Alltag ganz besonders stark gespürt: An keinem der Ergebnistage war Theo vor Ort. So saß Sonja allein mit einer Flasche Champagner in ihrer schönen Single-Wohnung!

Gleichzeitig wird zumindest Sonja immer klarer, dass die Beziehung ein Ziel braucht – und das kann in ihren Augen nur darin bestehen, dass sie und Theo endlich gemeinsam in einer Stadt leben. Nachdem das Vorhaben Hauskauf so unerfreulich versandet war, gibt es schließlich immer noch mehrere andere Optionen: Sonja könnte zu Theo in die Wohnung ziehen oder sich in Bremen eine eigene Wohnung mieten. Aber wenn sie schon in die »Provinz« zieht, will sie zumindest, dass Theo endlich die Scheidung von seiner Frau in die Wege leitet. Immerhin sind seit der Trennung mittlerweile fast drei Jahre vergangen. Am Silvesterabend 2006 gibt Theo ihr nach einem leidenschaftlichen Kuss sein Ehrenwort, dass er sich bis zu ihrem nächsten Geburtstag, also in acht Monaten, von seiner Frau scheiden lassen hat. Dieses Versprechen würzt die Beziehung wieder mit einer großen Prise Zuversicht. Als Sonjas Geburtstag dann aber kommt, wird das Thema Scheidung mit keinem Wort mehr erwähnt.

Erst viel später erfährt sie dann, dass Theo zu diesem Zeitpunkt schon munter mit einer anderen Frau ausgeht, während Sonja brav zu Hause in Hamburg sitzt und auf seinen Anruf wartet. Im Rückblick wird auch klar, warum Theos Freunde sich ihr gegenüber so distanziert verhalten, wenn sie mal gemeinsam ausgehen, zumal Theos Neue selbst zu diesem Freundeskreis gehört … Doch damals versteht sie überhaupt nicht, was los ist. »Was sind denn das hier in Bremen für komische Leute?«, fragt sie sich und kann sich immer weniger vorstellen, ihr geliebtes Hamburg zu verlassen, nur um mit Theo in einer Stadt zu leben.

Als eines Tages eine E-Mail von Theo kommt, in der er ihr mitteilt, er werde sich von ihr trennen, weil er einfach beziehungsunfähig sei, fällt Sonja aus allen Wolken. Gerade erst hatten sie einen traumhaften Urlaub gemeinsam verbracht. Zugegeben, sie hat gemerkt, dass ihrer Beziehung eine konkrete Perspektive fehlt, und war selbst oft genug unzufrieden mit der Situation. Nicht zuletzt deshalb hatte sie immer wieder neue Vorschläge gemacht, wie sie und Theo im wahrsten Sinne des Wortes wieder mehr zueinanderfinden könnten. Aber dass er sich von einer gemeinsamen Zukunft inzwischen schon ganz verabschiedet hatte, das war ihr bei all den emotionalen Aufs und Abs, mit denen sie in ihrem Fernbeziehungsalltag zu kämpfen hatte, entgangen. Heute weiß sie, dass sie und Theo geradewegs in eine klassische Liebes-kummerfalle getappt sind: Sie haben die Bedeutung der räumlichen Distanz zwischen ihnen einfach unterschätzt und sich keine verbindlichen Ziele gesetzt, um die wachsende Unzufriedenheit in den Griff zu bekommen.

Die Geschichte von Carla und Alexander

Alexander lernt Carla auf der Hochzeit seines Cousins kennen. Beim Essen sitzen sie nebeneinander und kommen schnell ins Gespräch. Bald merken sie, dass sie beruflich einiges verbindet: Carla ist Marketingchefin eines Pharmaunternehmens in Basel, Alexander ist Geschäftsführer einer Firma für Medizintechnik, die in der Nähe von Hannover produziert. Nach dem ersten Tanz weiß Alexander, dass er heute nicht ohne Carlas Telefonnummer nach Hause gehen wird.

Das Wiedersehen, zu dem sie sich zwei Wochen später verabreden, verläuft vom ersten Moment an stürmisch. Kaum hat Alexander Carlas Wohnung betreten, »arbeiten« sie sich zwischen langen leidenschaftlichen Küssen bis in Carlas Schlafzimmer vor. Diese erotische Welle trägt die beiden über das nächste halbe Jahr, in dem sie so viele Wochenenden wie möglich gemeinsam verbringen. Für beide ist es nicht immer einfach, sich die Zeit für den anderen freizuschaufeln, denn sie sind beruflich viel unterwegs, manchmal auch über das Wochenende.

Als Alexander mit einem Freund eine Reise nach Casablanca macht, die er schon Monate zuvor gebucht hatte, telefoniert er währenddessen so häufig mit Carla, dass die Telefonrechnung am Ende höher ausfällt als die Hotelkosten.

Trotz allem gefällt den beiden die Vorstellung, dass jeder seine Freiheiten, seine Karriere und sein eigenes Leben hat und man sich gleichzeitig mit dem anderen verbunden fühlt und einen emotionalen Rückhalt hat. Was ihnen allerdings nach einer Weile zu schaffen macht, ist, dass das viele Hin- und Herfahren, das ewige Planen, wann und wo sie sich das nächste Mal sehen, doch sehr viel Kraft kostet. In ihrem Beruf geben Carla und Alexander immer 110 Prozent – da ist es kein Wunder, dass sie am Wochenende eben einfach mal die Füße hochlegen und sich um nichts mehr kümmern wollen. Hinzu kommt, dass sie die Zeit miteinander so intensiv und innig verbringen, dass die Sehnsucht, die zwangsläufig folgt, wenn sie auseinandergehen, kaum auszuhalten ist. So entwickelt sich die Beziehung langsam zur Kraftprobe.

Alexander will sich deshalb ein paar Fixpunkte schaffen, auf die er sich freuen kann, wenn Carla ihm so sehr fehlt. »Was machen wir denn an Weihnachten?«, fragt er schon im Oktober, und auch die Geburtstage möchte er gern rechtzeitig planen. Carla hat dafür allerdings gar kein offenes Ohr. Sie versucht einfach nur, ihren Alltag zu bewältigen, und »kann doch jetzt noch nicht über Weihnachten nachdenken«. Bis dahin könne doch noch so viel passieren.

Alexander empfindet diese Unsicherheit als sehr unbefriedigend. Auch abends fällt er häufig in ein depressives Loch und fragt sich: Warum bin ich jetzt schon wieder allein? Nun bemerkt er auch, dass er seine Freunde in den vergangenen acht Monaten völlig vernachlässigt hat. Jede freie Minute hat er mit Carla verbracht, inzwischen ist er vollkommen isoliert.

Auch Carla muss vor sich selbst zugeben, dass das viele Getrenntsein von Alexander ihr ziemlich zu schaffen macht. So schnüren sich beide in ein Korsett aus Erwartungen, die sich immer häufiger in Form von gegenseitigen Vorwürfen manifestieren: »Wann kommst du endlich mal wieder?«, »Warum hast du gestern nicht mehr angerufen?«, »Fehle ich dir denn gar nicht?«

Leider ist für dieses Dilemma keine akzeptable Lösung in Sicht. Carla will ihren extrem gut bezahlten Job in der Schweiz auf keinen Fall aufgeben, Alexander ist mit seiner Firma ebenfalls so verbunden, dass er sich nicht vorstellen kann, diesen Posten aufzugeben. Immerhin sind sich beide in diesem Punkt einig: Die eigene Karriere aufzugeben kann man vom anderen einfach nicht verlangen.

In den folgenden Monaten setzen sich Carla und Alexander immer wieder zu Gesprächen zusammen, um die Unzufriedenheit, die sie beide spüren, irgendwie aufzulösen, und nehmen schließlich auch meine Hilfe in Anspruch. Nach weiteren drei Monaten stellt sich heraus: Die Liebe zwischen beiden ist zu groß für eine Beziehung auf Distanz. Keiner der beiden zweifelt an seinen eigenen Gefühlen oder an den Gefühlen des anderen, aber dennoch kommen sie auf einer anderen Ebene einfach nicht zusammen.

Sie habe immerzu diese Strophe im Kopf, erzählt Carla während einer Sitzung bei mir, bloß, dass sie das Wort »Wasser« dann gedanklich durch »Liebe« ersetzt:

Es waren zwei Königskinder,
die hatten einander so lieb.
Sie konnten zusammen nicht kommen,
die *Liebe* war viel zu tief.

So beschließen Carla und Alexander nach etwas über einem Jahr sich zu trennen. Heute könnten sie noch im Guten auseinandergehen, meint Alexander, später wäre der bittere Beigeschmack vielleicht doch zu groß. Wenn man nicht zusammenkommen könne, müsse man vielleicht loslassen.

Einige Monate später hörte ich über eine gemeinsame Bekannte, dass Carla und Alexander seit ihrer Trennung gar keinen Kontakt mehr hatten. Sie könnten sich nicht vorstellen, ihre leidenschaftliche Beziehung in eine Freundschaft umzuwandeln – auch dafür war die Liebe offenbar zu tief.

Wie Sie diese Liebeskummerfalle umgehen können

Planen Sie verbindlich, wo und wann Sie zusammenziehen

Den wichtigsten Punkt, um diese Liebeskummerfalle zu umgehen, habe ich oben bereits genannt: Die Beziehung braucht *unbedingt* ein Ziel. In der Regel stellt sich bei Fernbeziehungen schon nach kurzer Zeit die Frage: Wie sieht unsere Perspektive aus? Kann ein Partner sich vorstellen, an den Wohnort des anderen Partners zu ziehen? Oder gibt es eine ganz andere Stadt, in der beide sich ein gemeinsames Leben vorstellen können? Welche Konsequenzen hat das für jeden Einzelnen beruflich, im Hinblick auf die Familie und auf den Freundeskreis?

Ich würde jedem Paar raten, diese Fragen bald anzugehen, wenn beide sich einig sind, dass aus der Verbindung mehr wird als ein kurzes Abenteuer. Das kann in einem Fall drei Monate dauern, im anderen vielleicht auch mal fünf Monate. Aber spätestens nach einem halben Jahr weiß man in der Regel, in welche Richtung es mit der Liebe geht.

Jeder, der in einer Fernbeziehung lebt, muss sich auch klarmachen, dass Telefonieren immer nur der »Trostpreis« sein kann. Ein Telefonat schafft zwar die Illusion von unmittelbarem Kontakt, aber es ist eben doch nicht dasselbe, als wenn man einander gegenübersitzt. Man kann den andern nicht sehen, nicht fühlen, nicht riechen, nicht schmecken. Häufig erzählen meine Klienten mir auch: Wir telefonieren jeden Tag, aber im Grunde erzählen wir uns immer dasselbe. Es kommt gar kein echtes Gespräch zustande, fast fühlt es sich an wie die Erfüllung einer lästigen Pflicht.

Sobald man sich auf einen gemeinsamen Wohnort geeinigt hat, sollte ein Zeitplan aufgestellt werden: Wann findet der Umzug spätestens statt? Ich habe es häufig erlebt, dass einer der Partner sagt: Ich kann mir schon vorstellen, irgendwann in die Stadt meines Freundes bzw. meiner Freundin zu ziehen, aber gerade ist es dafür kein günstiger Zeitpunkt. Da heißt es: Ich muss mich um meine pflegebedürftige Mutter kümmern, die Karriere ist gerade so wichtig oder das eigene Kind kann jetzt auf keinen Fall die Schule wechseln …

Meistens kommt in solchen Konstellationen der richtige Zeitpunkt aber nie. Wenn immer irgendetwas anderes wichtiger ist, wird der Partner zwangsläufig an der Liebe des anderen zweifeln.

Beziehen Sie gemeinsam eine neue Wohnung

Darüber hinaus rate ich meinen Klienten immer, nicht den Fehler zu machen, in eine Wohnung zu ziehen, in der einer der beiden Partner bereits wohnte. Da man die Wohnung dann meist nicht komplett neu gestaltet, fühlt sich der »zugezogene« Partner dort oft noch sehr lange fehl am Platz, weil so viele Entscheidungen in der Vergangenheit ohne ihn getroffen wurden. Das fängt mit Kleinigkeiten wie der Ordnung im Gewürzregal an und hört damit auf, dass man das Gefühl hat, einen Teil seiner Identität aufzugeben, weil man nicht mehr von seinen eigenen Möbeln umgeben ist. Beim ersten Krach heißt es dann: »Nimm doch mal *deine* Unterlagen von *meinem* Schreibtisch.« Oder noch schlimmer: »Du kannst heute Nacht auch gern woanders schlafen!« Für die Beziehungsdynamik ist es deshalb wesentlich besser, wenn beide gemeinsam eine Wohnung suchen, die ihnen gefällt und in der auch jeder seinen eigenen Raum in Besitz nehmen kann.

Pflegen Sie Ihren eigenen Freundeskreis weiterhin

Ein weiterer wichtiger Aspekt einer Fernbeziehung betrifft den eigenen Freundeskreis. Auch wenn die Liebe zum Partner noch so groß ist, sollten Sie niemals Ihre Freunde zu sehr vernachlässigen. Denn seien Sie sicher: Es wird der Tag kommen, an dem Sie eine kleine oder eine größere Beziehungskrise durchleben – und dann werden Sie sich selbst dankbar sein, dass Sie zumindest zu Ihren engen Freunden den Kontakt auch in glücklicheren Zeiten gehalten haben.

Sicherlich haben die meisten Freunde Verständnis dafür, dass Sie sich ein wenig zurückgezogen haben, als Sie ganz frisch verliebt waren. Sie sollten aber den Moment nicht verpassen, an dem es an der Zeit ist, wieder aufzutauchen. Hat Ihr bester Freund oder Ihre beste Freundin schon zwei- oder dreimal um ein Treffen gebeten und musste sich von Ihnen auf später vertrösten lassen, ist es an Ihnen, sich zu melden und sich auf einen Kaffee oder ein Bier zu verabreden.

Ich selbst habe es erlebt, dass eine Fernbeziehung in die Brüche ging. Ich kann Ihnen sagen, dass es verdammt schwer ist, eine alte Freundin nach zwei Jahren endlich wieder anzurufen und zu sagen: Du, es geht mir gerade ziemlich schlecht.

Schaffen Sie sich Rituale, aber engen Sie sich nicht zu sehr ein

Solange Sie noch voneinander getrennt sind, sollten Sie sich zwar klare und verbindliche Strukturen schaffen, aber sich gleichzeitig nicht zu sehr einengen. Vielleicht ist es auch mal ganz erfrischend, zwei oder drei Tage hintereinander nicht miteinander zu telefonieren. So geht man auch der Erwartungshaltung aus dem Weg, jeden Tag zur selben Zeit erreichbar zu sein. In Fernbeziehungen sind es besonders diese unausgesprochenen Erwartungen, die dem Ganzen einen großen Schuss Bitterkeit beimischen, wenn sie einmal nicht erfüllt werden.

Allerdings sollten Sie unbedingt miteinander planen, wie und wo Sie Feiertage wie Weihnachten, Silvester und Geburtstage verbringen. Viele Konflikte können Sie außerdem umschiffen, wenn Sie gemeinsam planen, welche Wochenenden Sie wo verbringen, anstatt kurzfristig mit Terminen zu jonglieren. Andernfalls sind Enttäuschungen schon vorprogrammiert.

Übrigens ist es durchaus kein Verbrechen, wenn Ihr Partner einmal ein Wochenende für sich oder mit Freunden verbringen möchte anstatt mit Ihnen oder wenn umgekehrt Sie das Bedürfnis danach haben. Jeder hat schließlich das Recht auf eine Auszeit.

Teilen Sie sich die Kosten der Fernbeziehung

Und zu guter Letzt: Auch der finanzielle Aspekt einer Beziehung auf Distanz ist nicht zu vernachlässigen. Oft ist es so, dass ein Partner häufiger zum anderen reist – weil er es beruflich besser einrichten kann, weil die Wohnung des anderen gemütlicher ist oder vielleicht weil er das Pendeln weniger anstrengend findet. Welche Gründe es auch immer hat: Die Kosten für die Fahrten zum Partner dürfen gern geteilt werden, insbesondere wenn beide über ein eher kleines Budget verfügen. Sich an den Reisekosten des Partners zu beteiligen bringt nicht zuletzt die Wertschätzung für die Beziehung zum Ausdruck.

Liebeskummerfalle Nr. 2: Fremdgehen

Wenn der Partner nicht das Ein und Alles ist ...

Kaum ein Thema enthält mehr Zündstoff für eine Liebesbeziehung als die ewig wiederkehrende Geschichte vom Fremdgehen. Und über keines gehen die Meinungen weiter auseinander, denn es birgt ein klassisches Dilemma, das genauso wenig aufzulösen ist wie die Frage, was zuerst da war: das Ei oder das Huhn?

Gehen Menschen fremd, weil die Beziehung hinter den Kulissen bereits kaputt ist – oder geht eine Beziehung in die Brüche, weil ein Partner fremdgegangen ist? Wie oft der erste Fall zutrifft, vermag ich nicht zu sagen. Klar ist aber, dass der zweite die treffsicherste Methode ist, um eine Beziehung zum Scheitern zu bringen.

Wer seinen Partner betrügt, wer also hinter dem Rücken des anderen sexuelle Beziehungen mit einer dritten Person aufnimmt, verletzt in jedem Fall ein Prinzip, das in jeder Liebesbeziehung höchste Priorität genießen sollte: Vertrauen. Und ist das Vertrauen in der Beziehung erst einmal gestört, zieht das in der Regel eine negative Kettenreaktion nach sich, die die Liebe im schlimmsten Fall in Hass umschlagen lässt. Dann helfen wortreiche Entschuldigungen und aufwändig inszenierte Versöhnungszeremonien so wenig wie ein Regenschirm bei Orkanböen.

Was ein unbedarfter Seitensprung genauso wie eine sorgfältig verheimlichte Liebschaft in harmonischen und langjährigen Beziehungen anrichten können, erfahren Sie in den folgenden beiden Geschichten.

Die Geschichte von Nikola und Arndt

Als Nikola Arndt kennenlernt, steckt er mit seiner Firma für Sanitärinstallationen gerade in großen finanziellen Schwierigkeiten. Schon seit einiger Zeit ist die Auftragslage schlecht, und noch dazu meldete ein Bauherr Insolvenz an, nachdem Arndts

Firma die Installationen für das Neubauobjekt mit 36 Wohneinheiten gerade fertiggestellt hatte. Auf sein Geld kann er nun warten bis zum Sankt-Nimmerleins-Tag.

In der ersten Zeit ihrer Beziehung versucht Arndt seine Geldprobleme vor Nikola so gut es geht herunterzuspielen und die Details zu verheimlichen. Nach einem Jahr muss er dann aber doch die Karten auf den Tisch legen, denn er gerät immer tiefer in die Schulden-Sackgasse.

Nikola wäscht Arndt zunächst einmal gründlich den Kopf – nicht, weil seine Firma Konkurs gemacht hat, sondern weil er sich ihr nicht anvertraut hat. Schließlich, so meint sie, sei eine Beziehung doch dazu da, dass man die Herausforderungen des Lebens gemeinsam meistert und sich gegenseitig unterstützt.

Nachdem alles erst einmal ausgesprochen ist, fällt eine Riesenlast von Arndt ab, und er schöpft neuen Mut, seine Misere anzugehen. Zusammen suchen er und Nikola eine Schuldnerberatung auf, und schließlich finden sie gemeinsam mit dem Insolvenzverwalter eine Lösung: Arndt wird sich eine neue Anstellung suchen und sein Gehalt wird auf einem Konto verwaltet, über das Nikola die Verfügungsgewalt innehat. Beträge, die in den nächsten sechs Jahren den persönlichen Bedarfssatz übersteigen, werden an den Insolvenzverwalter abgeführt, der es an die Gläubiger verteilt. Zwar fühlt Arndt sich bei diesem ganzen Verfahren irgendwie entmündigt, gleichzeitig ist er Nikola für ihre pragmatische und unerschrockene Hilfe unendlich dankbar.

Eine weitere Herausforderung ist für Arndt der Job, den er bei einer kleinen Installationsfirma findet. War er zuvor selbst der Chef, der seine Leute auf den Baustellen eingeteilt und das »Oberkommando« hatte, muss er sich nun selbst wieder unterordnen und akzeptieren, dass in anderen Firmen manchmal auch andere Sitten herrschen. Doch er will alles tun, um sein Leben finanziell wieder auf die Reihe zu kriegen, und beißt deshalb tapfer die Zähne zusammen.

Als es seinem Chef schließlich ähnlich ergeht wie ihm selbst – ein Auftraggeber ist zahlungsunfähig und ein großer Auftrag geht an einen Wettbewerber –, muss Arndt als erster »dran glauben«: Zuletzt gekommen, zuerst gegangen lautet die Regel, sodass Arndt nach anderthalben Jahren wieder auf der Straße steht. Für die Beziehung ist das eine weitere Zerreißprobe. Während es für Nikola selbstverständlich ist, dass sie in dieser Situation für Arndts Unterhalt aufkommt, bis er eine neue Stelle findet, ist es für ihn selbst unerträglich, von seiner Partnerin »ausgehalten« zu werden. Endlich, nach neun Monaten, findet er wieder Arbeit, und der Haussegen kommt langsam wieder ins Gleichgewicht.

Arndts neuer Arbeitgeber ist ein großes Unternehmen für Haustechnik und Energiemanagement, wo Arndt zum einen viel lernen kann und wo es zum anderen gute Aufstiegsmöglichkeiten für ihn gibt, wenn er bereit ist, sich zu engagieren. Dass er nach zwei Jahren zum Teamleiter befördert wird, ist eine warme Dusche für sein Selbstwertgefühl, wenngleich die neue Position für ihn gehaltsmäßig überhaupt keine Verbesserung mit sich bringt – denn nun ist lediglich der Teil seines Lohns größer geworden, der in die Insolvenzverwaltung fließt.

Doch alles in allem gefällt es ihm gut auf der neuen Arbeitsstelle, und nach Jahren der Sorge, des Ärgers und der Verarbeitung seines beruflichen »Versagens« hat er endlich wieder mehr Energie für andere Lebensbereiche.

Ein Hobby, das ihn und Nikola immer schon verbunden hatte, war das Badmintonspielen. Gemeinsam waren sie in einen Verein eingetreten, in dem sie einige Freunde gefunden hatten und mit denen sie häufig übers Wochenende zu Freundschaftsturnieren für Freizeitsportler in andere Städte gefahren waren.

Da Nikola, die in einem Reisebüro arbeitet, vor einiger Zeit ebenfalls ihre Position im Unternehmen verbessert hatte, konnte sie in den vergangenen Monaten nicht an allen Turnieren teilnehmen, weil sie selbst beruflich in Hotels und Ferienclubs unterwegs war. Also fuhr Arndt allein mit, denn auf keinen Fall wollte Nikola, dass er allein zu Hause wieder in seine alten depressiven Stimmungen verfiel. Bei einem Glas Wein erzählen sie sich dann anschließend von ihren Erlebnissen.

Doch nach und nach fallen Nikola an Arndt einige Veränderungen auf: Er hat abgenommen, achtet neuerdings überhaupt mehr auf sein Äußeres – und, was sie am meisten irritiert: Er fasst sie kaum noch an. Als sie ihren Freund schließlich darauf anspricht, bricht er auf der Stelle in Tränen aus. Er fühle sich so schlecht und habe auch nicht gewusst, wie er es ihr sagen sollte, aber er habe sich in Andrea aus dem Badmintonverein verliebt.

»In Andrea?«, fragt Nikola vollkommen verblüfft. »Wie kann denn das sein? Andrea ist doch lesbisch und mit Cordula zusammen.«

Nein, gibt Arndt bedrückt zurück, Cordula habe sich von Andrea getrennt und nun sei Andrea mit ihm zusammen. Nie habe er Nikola vorsätzlich betrügen wollen, er sei in die Sache einfach so reingeschliddert, nachdem sie sich bei einem Turnier einmal abends ihr Leben erzählt und sich einander so nah gefühlt hatten.

Nikola ist nach diesem Gespräch unglaublich enttäuscht. Absicht hin oder her – was sollen sie nun mit diesem Scherbenhaufen anfangen? Der Badmintonverein hatte einen großen Teil ihres Lebens ausgemacht und nun kann sie sich überhaupt nicht mehr vorstellen, je wieder dort hinzugehen. Wahrscheinlich lachen dort schon alle über sie.

Und enttäuscht ist sie auch von Andrea, die sie zwar nicht besonders gut kannte, aber immer für eine sympathische und ehrliche Frau gehalten hatte. 14 Tage, nachdem Arndt alles gebeichtet hatte, nimmt sie deshalb ihren ganzen Mut zusammen und ruft bei Andrea an, um sie zur Rede zu stellen. Doch was sie in dem Telefonat zu hören bekommt, zieht ihr nur noch mehr den Boden unter den Füßen weg. Ob sie denn nicht gesehen habe, wie unglücklich Arndt in den letzten Jahren gewesen sei, fragt Andrea sie, da sei es doch bloß eine Frage der Zeit gewesen, dass er irgendwann aus dieser Abhängigkeitsbeziehung mit Nikola ausbrechen würde.

In den folgenden Tagen ist Nikola vollkommen fertig – nicht zuletzt, weil sie tief in ihrem Inneren weiß, dass in dem, was Andrea ihr gesagt hat, auch ein Funken Wahrheit steckt. Vielleicht hat sie seine finanzielle Situation dazu missbraucht, Arndt an sich zu binden und sich in der Beziehung sicher zu fühlen? Sie weiß langsam selbst nicht mehr, was sie glauben soll.

Als Andrea Arndt sechs Wochen später dann doch den Laufpass gibt, schöpft Nikola neue Hoffnung: Das Insolvenzverfahren endet in sechs Monaten, und sie findet, dass sie und Arndt diese Aussicht dazu nutzen sollten, einen Neuanfang zu machen. Umso mehr trifft es sie, dass Arndt ihr eröffnet, er wolle ausziehen und er könne einfach nicht mehr in sein altes Leben zurück. All die Jahre, die Nikola so fest an die Beziehung geglaubt hatte, all die Jahre, die sie gemeinsam mit Arndt alle Schwierigkeiten überwunden und in denen sie geduldig gewartet hatte, bis endlich der Tag käme, an dem sie und Arndt sich endlich mal wieder eine große Urlaubsreise oder ein neues Auto würden leisten können, zerbrechen vor ihrem inneren Auge in tausend Stücke.

Es wird lange dauern, bis sie sich auf einen neuen Partner wird einlassen können – und ob der Stachel des Misstrauens dann womöglich von Beginn an nicht alles vergiften wird, bleibt abzuwarten …

Die Geschichte von Anne und Ulrich

Anne und Ulrich sind seit 40 Jahren verheiratet. Dass Anne keine Kinder bekommen konnte, hat die beiden eng aneinandergeschweißt, als sie deswegen auch schwere Krisen durchlebten. In diesen schwierigen Phasen war Ulrich immer Annes größte Stütze und ein verlässlicher Freund.

Gerade weil sie schon so lange zusammen sind, so vieles gemeinsam erlebt haben und immer offen über alles sprechen konnten, können sie sich gegenseitig auch viel Freiraum lassen.

Ulrichs große Leidenschaft ist sein Segelboot, für das er in Grömitz an der Ostsee einen Liegeplatz gemietet hat. Seit Jahren verbringt er jede freie Minute auf dem Boot, und auch gemeinsam haben er und Anne viele Urlaubsreisen damit unternommen.

Da Ulrich einige Jahre älter ist als Anne, geht er vor ihr in den Ruhestand. Die viele freie Zeit, die er nun hat, während Anne weiter ihrer Arbeit als Lehrerin nachgeht, nutzt er, um sein Schiff endlich einmal vollständig zu überholen. Da er von Hamburg aus nicht jeden Tag eine Stunde Hin- und eine Stunde Rückfahrtzeit verschwenden will, wohnt er bald überwiegend in der Kajüte. Am Wochenende besucht er Anne dann in Hamburg, oder sie kommt zu ihm nach Grömitz. Was zunächst für einen Sommer geplant war, entwickelt sich dann jedoch mehr und mehr zur Dauerlösung, schnell sind zwei Jahre vergangen.

Dann merkt Anne jedoch, dass sich etwas verändert. Immer seltener kommt Ulrich sie in Hamburg besuchen und immer öfter teilt er ihr mit, dass er am Wochenende nicht da ist, weil er eine größere Segeltour plant, weil er seinen Bruder in Flensburg besucht oder weil sonst irgendetwas anliegt. Als Anne nachhakt, erfindet Ulrich irgendwelche Ausflüchte, und als sie vorschlägt, ihn nach Flensburg zu begleiten, verheddert er sich vollends in Widersprüche.

Verunsichert wendet Anne sich an ihre beste Freundin Marion und klagt dieser ihr Leid. Marion versucht zunächst, die Sache runterzuspielen, und meint, Anne würde sich zu viele Gedanken machen. Je mehr sie Ulrichs Verhalten jedoch der Freundin gegenüber kritisiert, umso mehr nimmt Marion ihn in Schutz. Das verunsichert Anne noch stärker.

Als ihr wieder einmal ein einsames Wochenende bevorsteht, an dem Ulrich angeblich mit seinem Freund Gerd auf großer Tour ist, beschließt Anne, der Sache auf den Grund zu gehen. Das Wetter ist seit Tagen miserabel und die Vorhersage verspricht keine Besserung – Anne kann sich nicht vorstellen, dass Ulrich und Gerd es bei strömendem Regen und Sturmböen besonders toll finden, auf der Ostsee herumzuschippern. Also setzt sie sich in ihr Auto und startet Richtung Grömitz. Im Hafen angekommen, entdeckt sie sofort Ulrichs Boot, das keineswegs mit gehissten Segeln auf hoher See unterwegs ist, sondern seelenruhig am Steg liegt.

Als sie wenige Schritte vom Boot entfernt ist, hört sie, dass Ulrich offenbar Besuch hat. Und zwar weiblichen Besuch.

»Hatte ich also doch Recht«, sagt sie grimmig zu sich selbst und setzt im Geiste drei dicke Minuszeichen hinter Marions Menschenkenntnis. Als sie jedoch vorsichtig näher herangeht und durch das kleine Bullauge ins Innere der Kajüte linst, trifft sie fast der Schlag. Drinnen sitzen gemütlich und lachend beim Abendessen Ulrich – und … Marion! Anne traut ihren Augen kaum. Wutentbrannt »entert« sie so stürmisch das Schiff, dass in der Kajüte der Tee aus den Tassen schwappt.

»Was soll das hier werden?«, brüllt sie, und nur Sekunden später schießen ihr die Tränen in die Augen und sie bricht förmlich vor den Augen von Ulrich und Marion zusammen. Niemals hätte sie geglaubt, dass ihr so etwas passieren könnte: Dass der eigene Mann sie mit der besten Freundin betrügt. Vielleicht hätte sie Ulrich einen Seitensprung mit irgendeiner jungen Segelbekanntschaft verziehen. So aber fühlt sie sich doppelt verraten – und doppelt hilflos, denn weder kann sie in dieser Situation auf die Unterstützung ihres Mannes zählen noch kann sie sich bei ihrer Freundin ausweinen.

Umso bitterer stößt ihr jetzt auf, dass sie in der Ehe über all die mittlerweile fast 43 Jahre so manchen Kompromiss gemacht hatte, weil ihr der gemeinsame Weg, die Vertrautheit und nicht zuletzt die Aussicht darauf, den Lebensabend gemeinsam zu verbringen, so viel bedeutet hatten. Jetzt ist all das für sie in einem einzigen Moment zerbrochen. Noch Monate nach ihrer unglaublichen »Entdeckung« fragt sie sich, ob es besser gewesen wäre, wenn sie sie nicht gemacht hätte. Wenn sie einfach so getan hätte, als sei nichts, und darauf gesetzt hätte, das Ulrichs Liebelei mit wem auch immer früher oder später von allein ein Ende gefunden hätte.

Doch über die Tatsache, dass er die Schamlosigkeit besessen hatte, mit ihrer besten Freundin anzubändeln, kann sie einfach nicht hinwegsehen. Und ohnehin unternimmt Ulrich nicht die geringsten Anstrengungen, sich mit Anne zu versöhnen und Marion zu verlassen.

Als sie bei mir in der Praxis sitzt, betont sie immer wieder, dass sie ja schließlich nicht mehr frisch verliebt war in Ulrich und dass sie seine Macken manchmal sogar unerträglich fand. Trotzdem – und darüber staunt sie selbst am meisten – fällt sie nach der Trennung so tief wie noch nie in ihrem Leben. Nicht zuletzt hat das auch mit dem gemeinsamen Freundeskreis zu tun, dem sowohl Anne und Ulrich als auch Marion angehörten. Als die Nachricht erst einmal die Runde gemacht hat, ist es Anne so unangenehm, den Freunden zu begegnen, dass sie mehrere Male sogar die Straßenseite wechselt, als sie von Weitem einen Bekannten erkennt.

Mehrfach nehmen Leute aus ihrer alten Clique Kontakt mit ihr auf und bieten ihr ihre Unterstützung an, aber Anne ist nicht mehr in der Lage, ihnen zu trauen. Ständig verfolgt sie der Gedanke, dass alle außer ihr von der Geschichte zwischen Ulrich und Marion gewusst haben.

Mir gegenüber gesteht sie nach vielen Sitzungen ein, dass sie im Grunde sogar ein wenig versteht, dass Ulrich sich eine neue Partnerin gesucht hat, denn viel zu oft war sie ihm gegenüber gleichgültig gewesen oder hat sogar an ihm herumgemäkelt. Doch dass er sich ausgerechnet Marion zum Trösten ausgesucht hat, darüber würde sie ihr Leben lang nicht hinwegkommen.

Wie Sie diese Liebeskummerfalle umgehen können

Nehmen Sie die Liebe Ihres Partners/Ihrer Partnerin niemals für selbstverständlich

Wenn wir uns in jemanden verlieben und mit diesem Menschen eine Partnerschaft eingehen, empfinden wir diese Liebe häufig als Geschenk, das wir von jemandem erhalten – vom anderen oder vom Leben oder vielleicht von Gott. In der Anfangszeit können wir uns noch sehr gut daran erinnern, wie es war, ohne den anderen zu leben. Wir haben ein klares Bild davon, in welcher Weise uns das Zusammensein mit dem geliebten Menschen bereichert.

Dauert die Beziehung dann über viele Jahre an, verschwimmt dieses Bild bei vielen Menschen immer mehr. Wir denken dann, dass all das, was wir haben, ganz selbstverständlich zu unserem Leben gehört. Oft meinen wir sogar, wir hätten ein Anrecht auf die Liebe, die Aufmerksamkeit, die Zuwendung unseres Partners. Selbst wenn Probleme in der Partnerschaft auftauchen, erkennen wir nicht immer, was auf dem Spiel steht. Wenn sich einer der beiden Partner dann schließlich jemand anderem zuwendet, kommt das böse Erwachen! Erst dann sehen wir wieder, wie viel uns der andere in Wirklichkeit bedeutet und was wir mit ihm verlieren würden oder sogar schon verloren haben.

Ich rate deshalb jedem Paar, die gegenseitige Liebe jeden Tag aufs Neue wertzuschätzen und sich bewusst zu machen, dass keine Liebe jemals für selbstverständlich genommen werden darf – selbst nach über 40 Ehejahren nicht, wie die Geschichte von Anne und Ulrich belegt.

Setzen Sie niemals das Vertrauen Ihres Partners aufs Spiel

Gegenseitiges Vertrauen gehört zu einer Liebesbeziehung wie die Pedalen zum Fahrrad. Wer dem eigenen bzw. wem der eigene Partner nicht vertraut, vermag sich je nach Steigung oder Gefälle zwar irgendwie weiter fortzubewegen, er muss sich jedoch viel mehr anstrengen und abarbeiten, um die Beziehung einigermaßen am Laufen zu halten. Das Glück, sich an einem sommerlichen Tag fast mühelos fortzubewegen und dabei den angenehmen Fahrtwind bei der gemeinsamen Reise zu spüren, bleibt ihnen die meiste Zeit versagt.

Sicher gibt es in jeder langjährigen Beziehung Phasen, in denen sich die beiden Partner mal näher und mal weniger nah sind. Vielleicht fährt einer mal voraus und erkundet neue Wege, während der andere es vorzieht, am Wegrand ein kleines Päuschen einzulegen. Und es mag sogar vorkommen, dass man einem anderen Radfahrer begegnet, mit dem weiterzureisen einem plötzlich besonders verlockend erscheint.

Doch entgegen unserem ersten Impuls ist es in einer solchen Situation immer – und ich meine wirklich *immer* – besser, mit dem eigenen Partner darüber zu sprechen. Nur wer den anderen nicht vorsätzlich über die eigenen Motive und Gefühle im Dunkeln lässt, hat das Vertrauen des anderen verdient. Und wo auch immer die gemeinsame Fahrt eines Paares hinführen oder enden mag, muss sich der »Verlassene« nicht neben seiner Trauer über den Verlust auch noch mit dem Ärger darüber auseinandersetzen, hintergangen worden zu sein.

Seien Sie ehrlich zu Ihrem Partner, anstatt ihn zu betrügen und zu belügen

Dieser Ratschlag schließt direkt an den letzten an. Ich höre immer wieder von meinen Klienten: Ich kann meiner Partnerin/ meinem Partner nicht sagen, dass ich fremdgehe, weil ich sie/ihn nicht verletzen möchte. Soll ich Ihnen sagen, was das ist? – Es ist eine feige Ausrede! Mit Rücksichtnahme hat das gar nichts zu tun. Wenn die traurige Geschichte am Ende dann doch rauskommt (und das tut sie fast immer!), fühlt der andere sich nicht nur betrogen, sondern auch noch belogen und als Mensch nicht geachtet. Sein Vertrauen wurde rücksichtslos missbraucht. Dieser Stachel sitzt dann meistens viel tiefer als der, betrogen worden zu sein, und der betroffene Mensch braucht umso länger, um über seinen Liebeskummer hinwegzukommen.

Es gibt sogar Leute, die selbst fremdgehen und darauf warten, dass der eigene Partner sich in jemand anderen verliebt. Sie glauben, sie kämen dann ohne Schuld aus der Sache heraus. Glauben Sie mir: So etwas funktioniert nicht! Meistens ist es gerade umgekehrt: Je mehr Sie sich entfernen, desto stärker hängt Ihr Partner an Ihnen. Das Letzte, woran er/sie dann denkt, ist sich zu verlieben.

Machen Sie es sich also zur Regel, den anderen so zu behandeln, wie Sie selbst behandelt werden möchten. Seien Sie ehrlich und suchen Sie das offene Gespräch mit ihrem Gegenüber.

Hinter dem Wunsch nach einem »kleinen« Abenteuer steht meistens etwas anderes

Viele Menschen, die regelmäßig fremdgehen, versuchen ihr Verhalten herunterzuspielen. Sie sagen dann: Ich liebe meinen Partner und meine Familie, ich würde mich niemals trennen. »Bloß« der Sex ist ihnen zu Hause irgendwie zu langweilig oder sie suchen eine nette Abwechslung, die angeblich für ihre Beziehung gar keine Bedeutung hat.

Häufig haben solche Menschen ein sehr geringes Selbstwertgefühl und müssen sich immer wieder Bestätigung von außen suchen, auch in sexueller Hinsicht. Aus meiner Sicht macht man es sich mit diesem Verhalten zu leicht. Wer glaubt, der Sex im eigenen Bett sei zu langweilig, muss sich doch fragen, ob er nicht selbst zu langweilig im Bett ist. Schließlich ist dieser Mensch ja zu 50 Prozent daran beteiligt.

Wenn man einmal genauer nachfragt, stellt sich meist auch heraus, dass diese Behauptung so gar nicht stimmt. Vielmehr ist der betrügende Partner von ganz anderen Motiven getrieben:

- vom Gefühl, etwas zu verpassen
- vom Gefühl, nie genug bekommen zu können
- von einer inneren Unruhe, die süchtig nach Aufregung ist
- von der Unzufriedenheit mit dem eigenen Leben
- vom Drang nach Selbstbestätigung und danach, ständig den eigenen »Marktwert« testen zu müssen

Wenn Sie zu diesen Menschen gehören, sollten Sie Ihren eigenen Motiven auf den Grund gehen und in Ihrem Gefühls- und Beziehungsleben erst mal ein wenig Ordnung schaffen, bevor Sie sich in ihr nächstes »kleines« Abenteuer stürzen …

Liebeskummerfalle Nr. 3: Baby-Alarm

Wie Kinder die Beziehungsdynamik verändern

An nichts werden in Beziehungen so viele Hoffnungen und Sehnsüchte, Ängste und Wünsche geknüpft wie an ein gemeinsames Kind. Kinder sollen Ehen retten, Familie darstellen, Sehnsüchte stillen und dem Leben der Eltern einen Sinn geben.

Doch die Fantasie vom heilen, harmonischen Familienleben löst sich oft schon nach kurzer Zeit in Luft auf. Durchwachte Nächte, weil der Nachwuchs Zähne bekommt oder krank ist, Termine, die nicht eingehalten werden können, weil zu Hause alles aus dem Ruder läuft, und Partys, auf die man nicht gehen kann, weil kein Babysitter zu bekommen ist, zehren an den Nerven und häufig auch am Beziehungsfrieden.

Natürlich gibt es Paare, denen es gelingt, diese Herausforderungen gemeinsam zu meistern. Gab es jedoch schon vorher einen Sprung in der »Beziehungsschüssel«, wird auch ein Kind diesen Riss nicht kitten können. Im Gegenteil: Jedes Paar, das ein oder mehrere Kinder in die Welt setzt, braucht eine besonders strapazierfähige Basis.

Ich möchte niemandem seinen persönlichen Kinderwunsch ausreden. Ich habe selbst zwei Töchter, auf die ich sehr stolz bin und die ich zu keinem Zeitpunkt hätte hergeben wollen – ob sie nun besonders gut gelaunt und lieb waren oder mich nachts wachhielten, weil sie 40 Grad Fieber hatten. Kinder bringen viel Freude ins Leben, wenn man sich auf sie einlässt und bereit ist, für eine gewisse Zeit auf vieles zu verzichten. Aber ein »Wir« mit Ihrer Partnerin oder Ihrem Partner, das nicht schon vorher da war, werden Sie auch durch ein Kind nicht erschaffen.

Und noch eine andere Facette dieses Themas stellt viele Beziehungen und Ehen auf die Probe: Gibt es bei einem oder beiden Partnern einen Kinderwunsch, der unerfüllt bleibt, hat das oft drastische Folgen für das Paar. Wie Vorstellungen und Wünsche rund ums Kind die Beziehungsdynamik verändern können, zeigen die folgenden beiden Geschichten.

Die Geschichte von Carola und Georg

Carola und Georg sind ein echtes Traumpaar. Freunde und Verwandte kennen sie von Anfang an nur Hand in Hand, immer gut gelaunt und wie frisch verliebt. Für jeden Gastgeber ist es eine Freude, sie auf der Party als Gäste zu haben. Gleichwohl sind sie nicht verheiratet, weil ihnen nicht einleuchten will, was eine solche Bindung für sie verändern sollte, außer, dass jeder dann womöglich seine Unabhängigkeit preisgeben würde.

Finanziell und beruflich stehen beide auf eigenen Füßen: Georg ist Internist, Carola ist Gynäkologin. Ihren Urlaub verbringen sie in der Regel zur Hälfte in Hilfsprojekten von »Ärzte ohne Grenzen« in Zentralafrika oder Südostasien.

Als das Paar etwa zehn Jahre zusammen ist, wird Carola schwanger. Eigentlich sei es ein »Unfall« gewesen, erzählen sie mir, aber als eine Entscheidung für oder gegen das Kind ansteht, sind sie sich beide einig, dass sie sich eine Abtreibung nicht vorstellen können. Sie betrachten die neue Situation als Wink des Schicksals und beginnen bald, sich sehr auf das Kind zu freuen.

Angesichts der familiären Entwicklungen verändert sich Georgs Haltung zu einer größeren Verbindlichkeit schließlich doch – auch vor dem Hintergrund der finanziellen Absicherung der Familie. Er macht Carola einen romantischen Heiratsantrag, und sie willigt amüsiert ein. Die Hochzeit wird ein rauschendes Fest, die letzten Gäste verabschieden sich erst nach einem gemeinsamen Frühstück um 9 Uhr morgens.

Und obwohl sich äußerlich überhaupt nichts verändert, denn Carola und Georg leben schon seit sieben Jahren in einer gemeinsamen Wohnung, beginnen keine vier Wochen nach der Heirat die ersten Probleme. Los geht es mit den Versicherungen, die Georg für die Familie abschließen will und die Carola total spießig und dekadent findet. Dann können sie sich nicht einigen, wie die Wohnung für das Baby umgeräumt werden soll. Und schließlich kämpfen beide mit der Angst, dass ihr freies und spontanes Leben zu Ende sein wird, wenn das Kind erst mal auf der Welt ist.

Leider bleibt die erhoffte Wende nach der Geburt der Tochter

Lina aus. Vor allem Carola kann sich überhaupt nicht auf ihre neue Rolle als Mutter und auf den veränderten Lebensrhythmus einstellen. Beim Anblick der mit Brei beschmierten Tischdecke oder ihrer vollgesabberten Blusen und Pullover könnte sie vor Frust Heulkrämpfe bekommen. Sie hält es kaum aus, mit Lina allein zu Hause zu sitzen, während Georg morgens in die Klinik fährt. Er hingegen würde liebend gern mit Carola tauschen und sich den ganzen Tag um das Baby kümmern, was jedoch während der Stillzeit nur schwer möglich ist, zumal sich beide der Bedeutung des Stillens für die Entwicklung des Kindes bewusst sind.

Zwar hängt der Haussegen zwischen Georg und Carola nicht dauerhaft schief, aber die Leichtigkeit, die ihre Beziehung die vielen Jahre vor der Schwangerschaft bestimmt hat, ist dahin. Als Lina ein halbes Jahr alt ist, stillt Carola ab und fährt kurz darauf für vier Tage auf eine Fortbildung nach Italien. Endlich ist sie wieder unter erwachsenen Menschen, die mehr sagen können als »Lalala« und »Dadada«. Ein gepflegtes Essen am Abend ohne Stoffwindeln und Schnuller und Nächte, in denen sie kein Kindergeschrei aus dem Schlaf reißt – Carola fühlt sich wie neugeboren. Und natürlich kommt es dann, wie es kommen muss: Sie lernt einen attraktiven Mediziner-Kollegen kennen und verguckt sich sofort in ihn. Das Interesse beruht auf Gegenseitigkeit, und die beiden nutzen den kurzen Aufenthalt in bella Italia, um sich intensiv kennenzulernen.

Zwar weiß Carola schon von Beginn an, dass es zwischen ihr und Jochen nicht die große Liebe ist, aber die Geschichte liefert ihr das Sprungbrett in die »Freiheit«. Sie eröffnet Georg, dass sie sich verliebt hat, und zieht zwei Monate später aus. Sie könne dieses Leben in der Kleinfamilie auf die Dauer einfach nicht ertragen, erklärt sie ihm. Georg findet zunächst keine Worte, dann aber gehen er und Carola die Dinge ganz pragmatisch an. Sie einigen sich darauf, dass Lina bei Georg lebt und Carola ihm für die Tochter Unterhalt zahlt. Alle 14 Tage nimmt sie die Tochter für ein Wochenende zu sich, um kontinuierlich den Kontakt zu ihr zu halten, denn sie ist durchaus ein verantwortungsbewusster Mensch.

Dieses System ist zwar anfangs noch mit vielen Konflikten und emotionalen Aufs und Abs verbunden, aber schließlich pendelt sich alles auf einen passenden Modus ein, mit dem alle drei leben können. Jetzt hat Carola auch viel mehr Spaß daran, mit der Tochter zusammen zu sein und gemeinsame Aktivitäten zu planen – denn sie weiß ja, dass sie nach zwei oder drei Tagen ihr gewohntes Leben wiederhaben wird.

Stefanies Geschichte

Stefanie lernt ihren zukünftigen Mann Joachim an der Uni kennen, wo sie Sozialpädagogik studiert und er Grafikdesign. Kurz nachdem sie beide ihr Diplom in der Tasche haben, wird die Hochzeit geplant – kein großes Fest, sondern eine liebevoll organisierte Party in vertrauter Runde.

Joachim hatte bereits während des Studiums einige Preise und Auszeichnungen für seine Entwürfe enthalten, arbeitet nach dem Uni-Abschluss anderthalb Jahre freiberuflich und gründet dann seine eigene Agentur. Da in Stefanies Beruf die Verdienstaussichten extrem schlecht sind, kümmert sie sich in Joachims Firma halbtags um die Büroorganisation und schmeißt den gemeinsamen Haushalt.

In dieser Zeit spricht Stefanie häufig das Thema Kinder an, denn sie wünscht sich nichts sehnlicher als eine Familie. Joachim ist zwar grundsätzlich nicht abgeneigt, will sich jedoch zunächst ganz um den Aufbau seines Geschäfts kümmern. Zum Kinderkriegen sei dann doch immer noch Zeit, vertröstet er sie.

Als er drei Jahre später mit der Agentur aus dem Gröbsten heraus ist, findet auch er, dass es an der Zeit ist, die Familienplanung anzugehen. Stefanie setzt die Pille ab, und ein Jahr lang »üben« sie nun die »Punktlandung«, wie Joachim den »Sex nach Kalender« nennt. Als ihre Bemühungen ohne Ergebnis bleiben, lassen sie sich beide in einer Praxis für Reproduktionsmedizin untersuchen. Aus medizinischer Sicht stünde ihrem Kinderwunsch nichts entgegen, erklärt ihnen der Arzt. Zur Unterstützung könne er Stefanie zunächst ein Hormonpräparat verordnen, das die Wahrscheinlichkeit einer Schwangerschaft steigern würde. Doch auch diese Maßnahme führt die beiden nicht ans Ziel.

Joachim hat jetzt immer öfter Zweifel: Wenn Stefanie nicht schwanger wird, dann sind sie vielleicht noch nicht bereit für ein Kind. Wird es nicht ihr ganzes Leben durcheinanderbringen? Können sie sich ein Kind finanziell überhaupt erlauben? Sollte man überhaupt ein Kind in diese gewalttätige und umweltverschmutzte Welt setzen?

Stefanie steigert sich dagegen immer mehr in die Idee hinein. Tagelang recherchiert sie im Internet, welche Ursachen es dafür geben könnte, dass sie nicht schwanger wird. Sie informiert sich über eine In-vitro-Befruchtung und beginnt, sich gesünder zu ernähren und Sport zu treiben, weil sie denkt, dadurch die Wahrscheinlichkeit einer Schwangerschaft zu erhöhen.

Diese gegenläufige Entwicklung bei beiden Partnern gibt Anlass für zahlreiche Streitereien zwischen ihnen. Joachim vergräbt sich daraufhin immer mehr in seine Arbeit. Er hat sich inzwischen sogar ein Sofa ins Büro gestellt, auf dem er in letzter Zeit immer häufiger die Nacht verbringt. Stefanie nutzt die viele Zeit allein, um heftig mit Rudolf zu flirten, dem Eigentümer des Hauses, in dem sie und Joachim wohnen. Rudolf hat kürzlich selbst eine schicke, gerade sanierte Wohnung im Dachgeschoss des Hauses bezogen, und häufig begegnen er und Stefanie sich im Treppenhaus.

Als Stefanie eines Abends wieder einmal frustriert die Einkäufe nach oben trägt, nimmt Rudolf ihr die Taschen ab, und sie lädt ihn auf ein Glas Wein nach Hause ein. Mit Joachim ist sowieso nicht vor 22 Uhr zu rechnen …

Nach diesem ersten »richtigen« Treffen verbringen Stefanie und Rudolf weitere Abende gemeinsam, erst spontan, dann immer öfter geplant, bis sie schließlich in Rudolfs komfortablem Bett landen.

Rudolf ist im ganzen Haus als Schürzenjäger bekannt, aber Stefanie stört das nicht. Sie versucht ja selbst bloß, sich die viele einsame Zeit zu vertreiben, die Joachim wie ein Besessener mit Arbeit verbringt. Doch nach wenigen Wochen ist das Drama perfekt: Stefanie ist schwanger, und zwar – da ist sie sich sicher – von Rudolf.

Jetzt kann sie die Geschichte schlecht länger vor Joachim verbergen. Sie bittet ihn um ein Gespräch und beichtet ihm alles. Joachim ist außer sich vor Wut, zumal Stefanie ihm unmissverständlich klarmacht, dass sie das Kind behalten will. Wie sie sich das denn jetzt vorstelle, will Joachim wissen. Eine Affäre zu haben sei das eine, das hätte er Stefanie womöglich noch verziehen. Aber zuzusehen, wie die eigene Ehefrau das Kind von einem anderen austrägt, das ginge entschieden über seine Toleranzgrenze.

Für die Situation gibt es sowohl aus Joachims wie auch aus Stefanies Sicht überhaupt keinen Ausweg, und nach wenigen Wochen sind die beiden getrennt. Joachim zieht zwar vorläufig in sein Büro, will aber, dass Stefanie sich kurzfristig eine neue Bleibe sucht, denn ursprünglich war es seine Wohnung gewesen, in die Stefanie mit eingezogen ist. Daraufhin sucht sie Trost und Verständnis bei Rudolf, der schließlich für das ganze Chaos mitverantwortlich ist.

Rudolf sieht die Geschichte zunächst relativ gelassen. Er bietet Stefanie an, bei ihm einzuziehen, sodass Joachim wieder in seine Wohnung zurückkehren kann. Außerdem findet er Gefallen an der Vorstellung einer eigenen Familie und insbesondere daran, dass Stefanie ihm zukünftig den Haushalt führen könnte, was sie, wie sie sagt, gern übernehmen würde.

Als ihr Sohn Leander dann gesund und munter zur Welt kommt, ist Stefanie überglücklich und geht vollkommen in ihrer neuen Rolle auf. Für sie gibt es jetzt nichts Wichtigeres, als jeden kleinsten Entwicklungsschritt des Kindes zu beobachten und jedem, der es hören möchte oder nicht, davon zu erzählen.

Zwar ist auch Rudolf fasziniert von dem kleinen Wesen, aber wie Stefanie sich jetzt aufführt, findet er doch ziemlich übertrieben. Und besonders sexy ist so ein »Muttergehabe« in seinen Augen auch nicht. Es dauert also kein halbes Jahr, da wandelt er wieder auf seinen gewohnten Pfaden und sucht sich hier und da ein wenig Abwechslung mit anderen Frauen.

Stefanie ist empört, als sie davon erfährt. Doch sie ist keineswegs bereit, ihren Traum von der intakten Kleinfamilie so schnell aufzugeben, und wirft sich mächtig ins Zeug, um Rudolf zurückzugewinnen und an sich zu binden. Das Ergebnis lässt nicht lange auf sich warten: Kaum hatten sie Leanders ersten Geburtstag gefeiert, ist Stefanie wieder schwanger. Rudolf macht zwar gute Miene zum »bösen« Spiel, aber so ganz glücklich wirkt er bei der Aussicht auf ein zweites nachtaktives kleines Wesen in seiner Wohnung auch nicht. Immerhin hat er den Vorteil, dass finanzielle Sorgen nicht zu seinem Erfahrungsschatz gehören – und so unterbreitet er Stefanie einen Plan: Er würde ihr kurzfristig in einer seiner zahlreichen Immobilien eine schöne Wohnung freimachen, in die sie erst mal mit den beiden Kindern einzieht. Und gleichzeitig wird er einen Architekten damit beauftragen, ein Grundstück mit großem Garten am Stadtrand zu finden und ein Haus zu entwerfen, das ganz den Bedürfnissen der Familie entspricht. Bis dahin brauche er einfach manchmal seine Ruhe und die Rückzugsmöglichkeit in seiner eigenen Wohnung. Denn für ein Leben mit zwei Kindern sei so eine Etagenwohnung einfach nicht ausgelegt.

Von der Vorstellung, Rudolf in nächster Zeit wieder mehr aus den Augen zu lassen, ist Stefanie gar nicht angetan, aber die Idee mit dem Haus begeistert sie so sehr, dass sie diesen Wermutstropfen dafür in Kauf nimmt. Ohnehin ist sie in den kommenden Monaten so sehr mit dem Wälzen von Einrichtungskatalogen und großen Shoppingtouren beschäftigt, dass sie gar nicht so darauf achtet, wo, wie und mit wem Rudolf seine Zeit so verbringt.

Kurz nach Leanders drittem Geburtstag findet dann der große Umzug statt und Stefanie glaubt sich am Ziel ihrer Träume angekommen. Noch immer ist einiges im Haus und im Garten zu tun, aber nach ein paar Wochen spricht sie Rudolf darauf an, dass es doch an der Zeit wäre, dass er seine alte Junggesellen-Wohnung endlich räumt, damit er sie anderweitig vermieten kann. Ach, das habe doch noch Zeit, meint er, es gebe doch gerade noch so viel anderes zu tun und er sei zurzeit auch so beschäftigt mit der Verwaltung der Immobilien, dass er dafür keine Zeit habe. Immer wieder findet er dann neue Ausreden, bis Stefanie irgendwann dämmert, was sich hinter dieser Taktik verbirgt: Rudolf will seine Junggesellen-Wohnung gar nicht aufgeben. Und zwar, weil er auch sein Junggesellen-Leben behalten will.

Als sie ihn zur Rede stellt, gibt er zu, dass sie recht hat. Es sei ja nicht so, dass er sie und die Kinder nicht liebe, aber manchmal müsse er einfach raus aus dieser Atmosphäre von Windeln, Babybrei und Deididei-Sprache, sonst würde er noch daran ersticken. Er wolle auch mal einer Frau gegenübersitzen, die Lippenstift trägt, keine undefinierbaren Flecken auf der Bluse habe und der nicht gleich ein Schnuller oder eine Stoffwindel runterfällt, sobald sie in ihrer Handtasche kramt.

Stefanie braucht lange, um diesen Vorwurf zu verdauen. Letztlich, das wird ihr nun klar, bleiben ihr nur zwei Alternativen: Entweder sie akzeptiert Rudolfs Lebensstil und seine ständigen Affären. Oder sie trennt sich von ihm und ist dann wahrscheinlich für die nächsten 15 Jahre alleinerziehende Mutter. So oder so wird sie ihren Traum von einer Partnerschaft, in der die Familie im Mittelpunkt steht, allein weiterträumen müssen.

Wie Sie diese Liebeskummerfalle umgehen können

Ein Kind kann keine Ehe kitten

Ich habe es oft erlebt, dass die Idee vom gemeinsamen Kind als letzter Rettungsanker für die Beziehung genutzt bzw. missbraucht wurde. Da werden Kinder in die Welt gesetzt, damit das kriselnde Familienleben noch einmal auf Null zurückgesetzt werden kann. Frauen versuchen, gezielt schwanger zu werden, um den verheirateten Geliebten endlich ganz für sich zu gewinnen. Und auch sonst soll ein Kind möglichst alle anderen Beziehungsprobleme gleich mit lösen.

Glauben Sie mir: Diese Taktik funktioniert nie! Und falls doch, dann nur kurzfristig. Vielleicht erfüllt ein Kind vorübergehend Bedürfnisse, die in der Beziehung gerade zu kurz kommen, wie der Wunsch nach Geborgenheit oder danach, gebraucht zu werden. Auf lange Sicht kann ein Kind aber weder eine problematische Ehe retten noch kann es ein Ersatz für einen ständig räumlich und/oder emotional abwesenden Beziehungspartner sein.

Machen Sie sich diesen Punkt unbedingt bewusst, bevor Sie sich für ein gemeinsames Kind entscheiden.

Kinder verändern das Leben vollständig

Wenn Sie mit dem Gedanken spielen, ein Kind in die Welt zu setzen, sollten Sie sich darüber im Klaren sein, dass Kinder das eigene Leben ganz und gar umkrempeln. Einerseits muss alles nach Plan laufen, denn Kinder brauchen eine geregelten Alltag, regelmäßige Mahlzeiten und Schlafenszeiten. Ein Paar, das es gewohnt ist, sich jedes Wochenende mit Freunden die Nächte um die Ohren zu schlagen, sollte sich fragen, ob es bereit ist, darauf die nächsten Jahre weitgehend zu verzichten.

Gleichzeitig sollten Sie darauf gefasst sein, dass mit einem Kind vieles eben nicht mehr nach Plan läuft und auch nicht planbar ist. Eine Verabredung zum Frühstück kann da schon mal kurzfristig ins Wasser fallen, weil das Baby sich seit Stunden mit Bauchweh herumquält.

Ist man sich als Paar nicht einig, wie die Prioritäten gesetzt werden sollen, ist der Alltag geradezu mit Tretminen gespickt.

Kinder bedeuten Verzicht, vereinbaren Sie daher Regeln

Jeder, der schon mal ein Kind großgezogen hat, hat die Erfahrung gemacht, dass Kinder zu haben auch bedeutet, auf vieles zu verzichten. Wenn Sie planen, ein Kind zu bekommen, sollten Sie schon während der Schwangerschaft verabreden, welche Freiheiten Sie sich trotz allem gemeinsam nehmen und gegenseitig geben möchten. Das könnte zum Beispiel sein: Jeder Partner darf sich zwei Wochenenden im Jahr aussuchen, an denen er »kinderfrei« hat und machen darf, was er möchte. Ob er sich dann entscheidet, mit Freunden wegzufahren, oder sich einfach in sein Zimmer einschließt und Musik hört, bleibt ihm überlassen.

Auch gemeinsame Aktivitäten sollten ganz bewusst geplant werden, beispielsweise können Sie lange im Voraus dafür sorgen, dass Sie an Ihrem Hochzeitstag einen Babysitter haben und zu zweit schick ausgehen. Solche Aktivitäten stärken die Paarbeziehung und sorgen dafür, dass Sie Ihren Partner bzw. Ihre Partnerin nicht nur in der Vater-/Mutterrolle, sondern auch mal wieder als Liebespartner/in betrachten.

Tappen Sie nicht in die Eifersuchtsfalle

Ich höre vor allem von männlichen Klienten häufig, dass sie insgeheim eifersüchtig auf ihr eigenes Kind sind, weil die Partnerin sich scheinbar mehr oder liebevoller darum kümmert als um sie. Oft ist es so, dass die Väter sich dann für ihre eigenen Gefühle schämen, sie nicht aussprechen und so unbewusst in Aggressionen umwandeln.

Ich kann Ihnen nur raten, mit Ihrer Partnerin oder Ihrem Partner über Ihre Gefühle zu sprechen. Verschweigen bringt Sie ohnehin nicht weiter. Klären Sie miteinander, wo die Ursache für die Eifersucht liegt und wie Sie sich im Alltag als Paar mehr wertschätzen könnten. Oft ist es auch hilfreich, zunächst das eigene Verhalten zu überprüfen: Vielleicht gehen Sie selbst nicht besonders liebevoll mit Ihrem Partner bzw. Ihrer Partnerin um – wie können Sie dann also erwarten, dass er/sie es umgekehrt tut? Manchmal ist auch der Wunsch da, sich selbst noch einmal so mütterlich umsorgen zu lassen, wie Sie es vielleicht als Kind von Ihren Eltern erfahren haben. Dieser Wunsch mag legitim sein, aber beim eigenen Partner oder der eigenen Partnerin sind Sie damit an der falschen Adresse, denn er/sie ist schließlich nicht Ihre Mutter.

Bei einem dauerhaften Verlust der Libido sollten Sie professionelle Hilfe in Anspruch nehmen

Leider gibt es auch Paare, bei denen die Geburt eines Kindes vor allem in sexueller Hinsicht große Auswirkungen hat. Einer meiner Klienten konnte in seiner Frau nur noch die Mutter sehen, was es ihm unmöglich machte, mit ihr Sex zu haben. Bei einem anderen Paar war es die Frau, die empfand, dass sie nach der Geburt ihrer beiden Kinder kein sexuelles Begehren mehr entwickeln konnte. Als sie zu mir kam, waren sie und ihr Mann bereits elf Jahre lang nicht mehr zusammen »im Bett« gewesen.

Es ist übrigens auch nicht besonders förderlich, wenn das Kind jede Nacht zwischen Mama und Papa im Ehebett liegt. Natürlich kann es mal vorkommen, dass man das Kind nachts zu sich nimmt, weil es krank ist oder vielleicht gerade besonders viel Aufmerksamkeit braucht. Die Regel sollte das aber nicht sein. Für das Liebesleben brauchen Sie im wahrsten Sinne des Wortes Ihren Freiraum. Erobern Sie sich also Ihr Schlafzimmer zurück.

Wenn Sie allerdings mehrere Monate nach der Geburt das Gefühl haben, dass mit Ihrem Sexualleben »etwas nicht stimmt«, sollten Sie unbedingt professionelle Hilfe in Anspruch nehmen. Sie können sich an Ihren Arzt wenden oder einen Therapeuten aufsuchen. Ihm wird dieses Problem mit Sicherheit geläufig sein.

Überfrachten Sie Ihr Kind nicht mit Erwartungen

Gerade wenn sich ein etwas »älteres« Paar ganz bewusst für ein Kind entscheidet, wird dieses manchmal zum alleinigen Lebensinhalt. Alles, was man selbst vielleicht meint, verpasst zu haben, alle Ziele, die im eigenen Leben nicht erreicht wurden – das Kind soll es nachholen. So wird das ganze Dasein darauf abgestimmt, dass dem Nachwuchs alle Möglichkeiten dieser Welt offenstehen: Vom mehrsprachigen Kindergarten, über Musikunterricht, Sport, Wissensolympiade, Bildungsreisen und so weiter soll das Kind sein Potenzial zu 100 Prozent ausschöpfen. Wer am Ende aber erschöpft ist, sind die Eltern. Sie chauffieren das Kind jeden Tag, auch am Wochenende, von A nach B nach C und kommen gar nicht mehr dazu, einfach auch mal das zu genießen, was man früher unter Familienleben verstand: gemeinsam Zeit verbringen, vielleicht einen Ausflug mit Picknick ma-

chen, eine Kissenschlacht am Sonntagmorgen oder einen gemütlichen Spieleabend. Dass bei einem perfekt durchgeplanten Fa-
milienmanagement die Beziehungen manchmal auf der Strecke
bleiben, wundert keineswegs!

Liebeskummerfalle Nr. 4:
Keine Zeit für den Partner

Für die Liebe war leider kein Termin mehr frei ...

Dass viele Frauen heute in ihrem Beruf dasselbe leisten wie die meisten Männer, ist eine durchaus wünschenswerte Entwicklung. Doch gerade wenn beide Partner ehrgeizig und im Beruf erfolgreich sind, geht damit leider häufig auch ein Problem einher: Zwischen Dienstreisen, übervollen Terminkalendern und weiteren Verpflichtungen gegenüber Freunden oder der Familie bleibt die Liebe auf der Strecke. Denn Paare, die über Jahre hinweg ihre gemeinsame Freizeit allenfalls noch schlafend miteinander verbringen, bekommen dafür irgendwann die »Rechnung«: Man fühlt sich voneinander entfremdet, hat sich nichts mehr zu sagen, und wenn dann doch plötzlich einmal ein paar gemeinsame Stunden anstehen, werden auch die dann möglichst mit unverbindlichen Aktivitäten gefüllt.

Dabei liegt der Wunsch nach Zuneigung, Aufmerksamkeit und körperlicher Nähe prinzipiell in der Natur des Menschen. Bekommt man dies vom eigenen Partner nicht mehr, sucht man außerhalb der Beziehung danach. Deshalb bricht in diesen Konstellationen über kurz über lang meist ein Partner aus und verliebt sich in jemand anderen. Nimmt der andere Partner dies nicht zum Anlass, beharrlich anzuregen, ganz schnell gemeinsam das Beziehungsleben grundsätzlich zu verändern, ist im Grunde schon alles zu spät ...

Was passiert, wenn für die Liebe einfach kein Termin mehr frei ist, erfahren Sie in den folgenden beiden Geschichten.

Die Geschichte von Katharina und Frank

Frank stammt aus Bayerns Landeshauptstadt München. Da sein Großonkel Klaus kinderlos geblieben ist, legt dieser Frank nahe, dass er später einmal sein Geschäft übernehmen könne, einen gut laufenden Weingroßhandel in Ingolstadt. Gegen diese Aussicht hat Frank, der schon als Kind mit Begeisterung auf dem Schoß des Onkels mit dem Gabelstapler zwischen den hohen Regalen umherfuhr, nichts einzuwenden So entscheidet er sich nach dem Abitur für ein BWL-Studium in München, damit er am Wochenende und in den Ferien schon beim Onkel aushelfen und Praxiserfahrung sammeln kann.

Gleich im ersten Semester fällt ihm im Audimax der Universität die hübsche Blondine auf, die meist weit vorn sitzt und sich kein Wort des Professors entgehen lässt. Nachdem er sich einige Male in ihre Nähe gesetzt und ihr schüchtern zugelächelt hat, traut er sich, sie anzusprechen und ins Kino einzuladen. Katharina willigt fröhlich ein.

Als die beiden dann nach dem Film noch im Garten eines romantischen Weinlokals sitzen, wundert sich Frank Katharina gegenüber, dass sie sich für ein betriebswirtschaftliches Studium entschieden hat. Die meisten Mädchen wollen doch Sozialpädagogik oder Lehramt studieren, meint er. Ja, aber sie wolle lieber etwas »Handfestes« lernen, entgegnet sie – was sie Frank umso sympathischer macht.

Einige Wochen flirten sie dann heftig miteinander im und außerhalb des Hörsaals, bis sie auf einer Party in einem Studentenwohnheim schließlich ganz zueinanderfinden. Sehr viel Zeit für gemeinsame Aktivitäten bleibt ihnen zunächst jedoch nicht. Beide sind sehr ehrgeizig und konkurrieren um die besseren Noten, daneben fährt Frank fast jedes Wochenende zu seinem Onkel, um ihm im Betrieb zu helfen. Auch Katharina hat einen anstrengenden Nebenjob in einer Marketing-Agentur, denn im Gegensatz zu Franks Onkel können ihre Eltern sie finanziell nicht unterstützen, und die hohe Miete für ihre kleine Wohnung in der Münchener Innenstadt muss irgendwie verdient werden.

Doch als sie beide ihr Diplom in der Tasche haben, beginnen für sie die großen Ferien: Gemeinsam wollen sie mit dem Rucksack ein Jahr lang die Welt erkunden. Sie bereisen vor allem Asien, da sie der Boom der aufstrebenden Wirtschaftsnationen fasziniert. In Japan, drei Monate vor der Rückkehr nach Deutschland, wird Katharina schließlich schwanger und Frank bietet Katharina an, dass sie die Firma des Onkels doch später gemeinsam weiterführen könnten – schließlich hätten sie zusammen umso mehr Know-how und könnten den Betrieb weiter voranbringen. Er sei sicher, dass auch sein Onkel nichts dagegen habe, der schließlich große Stücke auf sie halte. Und wo nun sogar schon mit einem Baby für einen möglichen Nachfolger oder eine Nachfolgerin gesorgt sei, wäre er sicher umso begeisterter.

Sie sind so aufgeregt angesichts des neuen Lebens, das auf sie wartet, dass sie ihre Weltreise sogar vorzeitig abbrechen und nach Bayern zurückfliegen, um in Ingolstadt eine geeignete Wohnung zu finden. Die Neuigkeit mit der Schwangerschaft behalten sie allerdings noch für sich. Schnell finden sie einen günstigen alten Gutshof am Ortsrand, für den Franks Eltern ihm ein Darlehen gewähren und den sie anschließend nach ihren Vorstellungen sanieren und umbauen lassen. Als sie sich häuslich eingerichtet haben, geben sie endlich ihre Verlobung bekannt – denn mittlerweile ist ihr süßes Geheimnis auch kaum noch zu verbergen. Wie erwartet, ist Onkel Klaus begeistert von den neuen Aussichten und auch sonst stoßen die Neuigkeiten bei Franks und Katharinas Familie auf große Freude. Die Hochzeit wird jedoch auf einen Termin nach der Geburt vertagt, denn wenngleich die Familien nicht religiös sind, schickt es sich im katholischen Bayern kaum, im achten Monat vor den Standesbeamten zu treten.

Nachdem Katharina im Sommer die Tochter Elena gesund zur Welt gebracht hat, übergibt Franks Onkel Klaus die Fäden offiziell an seinen Großneffen und dessen Verlobte. Im nächsten Winter findet dann eine romantische kleine Hochzeitsfeier statt, und das Paar leistet sich kurze Flitterwochen auf Bali. Die gemeinsame Tochter bleibt für zwei Wochen bei Katharinas Schwester Sophie in München, sodass das glückliche Paar den Urlaub in vollen Zügen genießen kann.

Kurz nach Elenas erstem Geburtstag ist Katharina dann wieder schwanger und bringt neun Monate später den Sohn Marvin zur Welt. Besonders froh sind die jungen Eltern, dass Onkel Klaus die Geburt des Kleinen noch miterlebt, denn er leidet unter einem aggressiven Schilddrüsenkrebs und erliegt nur drei

Monate später seiner schweren Krankheit. Nun sind Frank und Katharina, beide kaum 30 Jahre alt, mit dem Betrieb, der inzwischen über drei Filialen und über 30 Mitarbeiter verfügt, ganz auf sich allein gestellt.

Sie gehen alles ganz pragmatisch an und überlegen sich zunächst eine Regelung für die Kinderbetreuung. So geht Katharina vormittags ins Büro, während Frank Elena für den Kindergarten und Marvin für die Tagesmutter fertigmacht und beide mit dem Auto hinfährt. Anschließend macht er manchmal hier und da noch eine Besorgung, dann fährt auch er ins Büro.

Mittags kümmert sich Katharina um das Essen, während Frank die Kinder wieder abholt. Nach einem kurzen gemeinsamen Mittagessen geht Frank wieder ins Büro rüber, und Katharina bleibt den Nachmittag über bei den Kindern. So haben sie alles optimal geregelt, und das Geschäft leidet nicht unter der Betreuung des Nachwuchses.

Zu Beginn ist das neue Leben natürlich sehr anstrengend und es bleibt leider wenig Zeit füreinander. Besonders Katharina ist abends meist völlig erschöpft. Als die Kinder langsam größer werden, versuchen Frank und Katharina, wieder mehr Zeit für ihre gemeinsamen Freunde freizuschaufeln. Am Wochenende verabreden sie sich möglichst häufig mit Bekannten zum Essen oder zu einem Spieleabend.

Frank vermisst aber auch die Zweisamkeit und versucht häufiger, Zeit mit seiner Frau zu verbringen. Hin und wieder kocht er abends aufwändig oder holt Essen für die Familie aus dem Restaurant, um Katharina eine besondere Freude zu machen. Allerdings kommt es dann so manches Mal vor, dass die pflichtbewusste Mutter mitten beim Essen aufspringt und zum Auto sprintet, weil wieder einmal Elena vom Ballett oder Marvin von der Leichtathletik abgeholt werden muss. An anderen Tagen leiht Frank eine DVD für einen gemütlichen Fernsehabend aus – aber meist schläft Katharina dabei vor dem Fernseher ein.

Je weiter sie sich im Alltag voneinander entfernen, desto mehr sehnt sich Frank nach körperlicher Nähe und Zeit mit seiner Frau, doch seit die Kinder da sind, haben die beiden kaum noch Sex, denn Katharina ist meist zu erledigt oder nicht in der Stimmung. Obwohl sie in etwa gleich viel arbeiten und fast gleich viel Zeit mit den Kindern verbringen, bietet Frank seiner Frau schließlich an, mehr Aufgaben in der Firma zu übernehmen, damit Katharina nicht jeden Abend so erschöpft ins Bett fällt. Sie möchte jedoch unbedingt ihren Beitrag zur weiteren Expansion des Weingroßhandels leisten und lehnt das Angebot ihres Mannes deshalb ab.

Frank lässt jedoch im Kampf um die Beziehung nicht locker. Er besorgt Theaterkarten, lädt sie zu einem Konzert ihres Lieblingsmusikers ein und überrascht sie einmal sogar mit einem romantischen Ausflug ins Planetarium. Doch die meisten seiner Vorhaben scheitern entweder, weil etwas im Terminkalender der Kinder dazwischenkommt oder an Katharinas Motivation.

Eines späten Abends nach dem Büro ist Frank so verzweifelt, dass er eine Telefonsex-Hotline anruft, um seine Bedürfnisse zu befriedigen. Völlig verschämt legt er nach wenigen Sekunden wieder auf und legt sich mit einem schlechten Gewissen neben seine schlafende Frau ins Bett. Ein paar Tage darauf zündet er im ganzen Schlafzimmer Kerzen an und wartet mit einem Abendessen auf Katharina. Nach zwei Stunden bläst er die Kerzen enttäuscht wieder aus und räumt den Tisch ab. Um 23:30 Uhr kommt Katharina schließlich mit Marvin nach Hause, den sie wegen einer Grippe frühzeitig von seiner Klassenfahrt abgeholt hat.

Einige Wochen später ruft Frank schließlich eine Kontakt-Hotline an und bucht für den frühen Abend ein Hotelzimmer in München, wo er zwei Stunden mit einer hübschen dunkelhaarigen »Studentin« verbringt. Fröhlich pfeifend sitzt er einige Stunden später im Auto zurück nach Ingolstadt, doch als er die Tür aufschließt und sich neben Katharina legt, die bereits schläft, fühlt er sich schlecht und kann nicht einschlafen. Trotzdem wiederholt Frank diese Aktion noch einige Male, bis er beschließt, mit einigen alten Klassenkameraden eine Woche zum Skifahren nach Österreich zu fahren, um ein wenig andere Luft zu schnuppern und auf andere Gedanken zu kommen.

Mit dabei ist auch Christina, die Schwester eines ehemaligen Klassenkameraden, die er seit dem Gymnasium nicht mehr gesehen hat. Sie verstehen sich prima und an den Abenden auf der Hütte kommen sie sich sehr schnell näher. Am Abschlussabend in einer Bar im Ort gibt Christina Frank völlig unvermittelt einen leidenschaftlichen Kuss. Verwirrt und zugleich glücklich, macht er sich am nächsten Tag auf den Heimweg.

Zu Hause versucht Frank, die Flucht nach vorn anzutreten. Er schlägt Katharina vor, nach etlichen Jahren wieder einen gemeinsamen Urlaub zu planen. Sie finden aber in den nächsten vier Monaten keinen Termin, an dem sie sich länger als drei Tage gemeinsam freinehmen könnten. Katharina möchte außerdem den Aufbau der vierten Filiale ihres Geschäftes in Ulm unbedingt mitverfolgen, und Elena, die – inzwischen 18 geworden – im nächsten Jahr ausziehen möchte, bei der Suche nach einer schönen Stadt zum Studieren begleiten.

Langsam dämmert es Frank, dass er sein Leben so nicht weiterführen kann. In den folgenden Wochen fährt er zweimal nach Augsburg, um sich mit Christina zu treffen, bis ihm klar wird, dass er sich in sie verliebt hat. Nun weiß er überhaupt nicht mehr weiter. Er möchte seine Frau nicht betrügen, ist aber gleichzeitig sicher, dass er etwas Neues anfangen will oder sogar muss, um selbst nicht zu verbittern.

Als er schließlich telefonisch um Rat bei mir ersucht, ist er so durcheinander, dass er gar nicht weiß, wo er anfangen soll. Ich rate ihm zunächst zu einer Bedenkzeit von vier Wochen, in denen er Christina nicht wieder treffen wird und das offene Gespräch mit Katharina sucht. Nur wenn er seiner Frau von seinen Gefühlen und seinen Nöten erzählt, haben die beiden die Chance, sich gemeinsam für oder gegen ihre Beziehung zu entscheiden.

Da Katharina, nach allem, was ich bisher über sie gehört habe, offenbar kaum sexuelle oder körperliche Bedürfnisse verspürt, befürchte ich leider, dass dieser Ehe keine glückliche Zukunft vergönnt sein wird. Denn selbst wenn beide sich jetzt dafür entscheiden, zusammenzubleiben, wird Franks Bedürfnis nach Liebe ihn in spätestens zwei, drei Jahren zu einer anderen Frau treiben. Denn ist der (verständliche!) Wunsch nach Zuwendung und körperlicher Nähe nach Jahren der »Betäubung« erst einmal aufgebrochen, lässt er sich meist nicht wieder vergraben.

Die Geschichte von Ariane und Robert

Ariane und Robert lernen sich bei einer Managementfortbildung in Stuttgart kennen. Sie sind beide in der Direktion großer Hotels tätig und lieben ihren Beruf über alles. Gerade weil sie die gleiche Einstellung zur Arbeit teilen, verstehen sie sich auf Anhieb und verabreden am letzten Seminartag gegenseitige Besuche am Arbeitsplatz des anderen, um noch mehr voneinander lernen zu können. Ariane ist in Hamburg tätig, Robert in Berlin – mit dem ICE ist das nach Roberts Auffassung fast ein Katzensprung.

Kurze Zeit später sind sie – wie sollte es anders sein? – ein Paar. Die erste Zeit der Fernbeziehung meistern sie bravourös, denn schon nach zwei Monaten beginnt Robert, sich nach einer adäquaten Job-Alternative in Hamburg umzusehen, und kann weitere zwei Monate später bei einer internationalen Hotelkette mit Verwaltungssitz in Hamburg anfangen.

Zwar ist es bei seinen zahlreichen Dienstreisen, die er jetzt zu den europaweit verstreut liegenden Hotels des Unternehmens unternimmt, nicht immer einfach, gemeinsame Zeit mit Ariane herauszuschlagen, aber die Liebe ist noch frisch und irgendwie finden sie zwischendurch immer Zeit füreinander. Um den gemeinsamen Alltag noch einfacher zu gestalten, beschließen sie, eine gemeinsame Wohnung zu beziehen, als sie ein knappes Jahr zusammen sind. Dabei ist Robert ganz darauf bedacht, dass die Wohnung vom Platz und der Aufteilung her auch für eine Kleinfamilie geeignet wäre, denn er hatte sich immer eine eigene Familie gewünscht. Da wäre es ja unsinnig, wenn sie in einem oder zwei Jahren schon wieder umziehen müssten, weil kein Kinderzimmer vorhanden sei, meint er – und Ariane muss ihm Recht geben.

Als sie umgezogen sind, spricht Robert immer häufiger davon, wie schön doch das Leben mit einem Kind sein könnte. Sie würden an den Wochenenden gemeinsame Ausflüge machen und solange Katharina noch in Elternzeit sei, könnte sie Robert mit dem Kind ja vielleicht sogar auf seinen Reisen begleiten – für ein kostenloses Hotelzimmer sei schließlich gesorgt.

Ariane steht diesen Plänen ein wenig ambivalent gegenüber.

Einerseits hatte auch sie sich vorgestellt, langfristig eine Familie zu gründen, andererseits kann sie sich gar nicht vorstellen mit einem Kleinkind zu Hause zu sitzen, während irgendein glücklicher Kollege ihren Job im Hotel übernimmt.

Als sie mit Robert über ihre Bedenken spricht, hat er vollstes Verständnis und entwickelt sofort einen pragmatischen Plan: Das erste halbe Jahr bleibt sie zu Hause, auch weil das Baby dann ja noch gestillt werden muss, danach geht er für sechs Monate in Elternzeit und kümmert sich um den Nachwuchs. Wenn dann das erste Jahr rum ist, wäre es doch durchaus denkbar, dass sie beide ihre Stundenzahl ein wenig reduzieren, sodass er jeden Montag zu Hause bleiben und sie jeden Freitag freinehmen könnte. Dann müssten nur noch drei Tage überbrückt werden – und selbst bei reduzierter Arbeitszeit könnten sie sich von ihrem Einkommen ja locker eine Haushälterin und bei Bedarf zusätzlich einen Babysitter leisten. Außerdem seien da ja auch noch Arianes Eltern, die sicher gern hin und wieder eine Schicht mit dem Enkel übernehmen werden, wenn einmal alle Stricke reißen.

Das alles klingt auch für Ariane überzeugend und so willigt sie ein, zukünftig nicht mehr zu verhüten. Schließlich ist sie mittlerweile 32 und möchte – wenn schon, denn schon – nicht erst mit 40 schwanger werden. Doch obwohl die beiden nun gezielt versuchen, eine Schwangerschaft herbeizuführen, tut sich acht Monate lang gar nichts. Nach einem Gespräch mit ihrer Frauenärztin schickt diese Ariane zu einer Spezialpraxis für Reproduktionsmedizin. Dort stellt man bei Ariane und Robert zwar keine wesentlichen körperlichen Hindernisse für eine Schwangerschaft fest, stellt aber auch die Möglichkeit einer Insemination in der Praxis in Aussicht, bei der Roberts aufbereitete Spermien direkt in die Gebärmutter injiziert werden. Dieses Vorgehen würde die Chancen für eine Schwangerschaft deutlich erhöhen.

Nach ein paar Tagen Bedenkzeit beschließen Robert und Ariane, diese Möglichkeit in Anspruch zu nehmen, und finden sich fortan pünktlich zum Eisprung in der Arztpraxis ein, sofern bei Robert nicht gerade wieder eine Reise dazwischenkommt. Der dritte Versuch ist schließlich erfolgreich: Ariane ist endlich schwanger!

Die ganze Energie, die neben der Arbeit noch bleibt, stecken die beiden jetzt in die Vorbereitung des Kinderzimmers und die Anschaffung der nötigen Babyausstattung. Als sei das alles noch nicht Aufregung genug, wird Robert, als Ariane im sechsten Monat ist, befördert und übernimmt noch verantwortungsvollere Aufgaben im Unternehmen. Zwar muss er in seiner neuen Funktion sogar etwas seltener auf Dienstreise gehen, dafür sitzt er nun aber häufig bis nach 22 Uhr im Büro und versucht der vielen Herausforderungen des Jobs Herr zu werden.

Vor allem in den sechs Wochen vor der Entbindung, in denen Ariane bereits in Mutterschutz ist, kommt es deshalb manchmal zu Streitigkeiten zwischen den beiden, zumal Ariane das Zuhausesitzen so gar nicht gewöhnt ist.

Als der Sohn Jonas dann schließlich da ist, kann davon, dass Robert sich besonders viel Mühe gibt, mehr Zeit mit Mutter und Kind zu verbringen, keine Rede sein. Als Ariane aber nach vier Monaten immer häufiger davon spricht, wie sehr sie sich darauf freut, wieder in den Job zurückzukehren, reagiert Robert recht wortkarg und versucht, möglichst schnell das Thema zu wechseln. Dann eines Abends nimmt er seinen ganzen Mut zusammen und erklärt Ariane, dass er in der aktuellen Situation in der Firma unmöglich in Elternzeit gehen könne. Mehrere der von ihm betreuten Hotels schrieben seit einigen Monaten rote Zahlen und gleichzeitig gäbe es vier im Bau befindliche Häuser, bei denen weitere Verzögerungen dringend vermieden werden müssen.

Ariane ist zunächst außer sich vor Wut: Diese ganze Kinderidee war schließlich auf Roberts Mist gewachsen und sie sieht es überhaupt nicht ein, dass sie ihrem Job, der ihr ebenso wichtig sei wie Robert sein Job, auch nur einen Tag länger als vereinbart fernbleiben sollte. Nicht dass sie den kleinen Jonas je wieder missen wolle, aber es sei nur zum Besten des Kindes, wenn sie endlich auch mal wieder einen Ausgleich zu Brei kochen und Windeln wechseln hätte.

Sie habe ja recht, gibt Robert zu, aber er habe doch auch nicht in die Zukunft schauen können und es sei doch eine einmalige Chance für ihn gewesen, den neuen Job anzutreten. So etwas fiele einem ja nicht ständig vor die Füße. Doch Ariane reicht das als Entschuldigung keineswegs aus. Robert sei doch der große vorausschauende Planer, dann solle er sich eben irgendeine Lösung ausdenken, wie er seinen Part der Kinderbetreuung anderweitig abdecken könnte. Sie jedenfalls würde wie vereinbart am 1. September wieder ins Büro marschieren.

Robert lässt sich das nicht zweimal sagen und zaubert zwei Tage später tatsächlich einen Plan B aus der Tasche: Am Samstagvormittag würden sich drei potenzielle Haushälterinnen bei ihnen vorstellen, von denen sich die beste Kandidatin dann zwischen 8 und 15 Uhr um Jonas kümmern würde, und auch einen Babysitter, der die Stunden bis 18 Uhr übernimmt, werde er noch organisieren.

Ariane ist es nicht sehr recht, dass Jonas mit seinen gerade mal sieben Monaten dann ganztägig von zwei fremden Frauen versorgt wird, aber andererseits fällt ihr auch keine bessere Lösung ein, wenn Robert nicht bereit ist, selbst zu Hause zu bleiben. So wird das Familienleben vom 1. September an 110-prozentig durchorganisiert – Krankheitsfälle oder andere Unvorhersehbarkeiten sind dabei nicht vorgesehen.

Abwechselnd richten Robert und Ariane es ein, dass wenigstens einer der beiden spätestens um 18 Uhr abends zu Hause ist, meist nehmen sie sich aber noch Unterlagen mit nach Hause, die dringend bis zum nächsten Tag durchgearbeitet werden müssen. Gemeinsame freie Tage sind rar, meist schaffen sie es gerade mal zu Geburtstagen, Familienfesten oder anderen Feiertagen, einen ganzen Tag gemeinsam mit Jonas zu verbringen, der diese Stunden sichtlich genießt und abends dann vollkommen aufgekratzt ins Bett gebracht werden muss.

Nach drei anstrengenden Jahren ist die Liebe zwischen Ariane und Robert irgendwo zwischen perfekter Organisation und der regelrechten *Bewältigung* des Alltags verloren gegangen. Zwar gibt es durchaus noch erotische Anziehung zwischen ihnen, aber mehr als die kurze »10-Minuten-Nummer« vor dem Einschlafen ist schon lange nicht mehr drin.

In dieser Situation wendet Ariane sich Hilfe suchend an mich. Nachdem sie zunächst fast 60 Minuten lang in einem einzigen Redeschwall ihren ganzen Frust herauslässt, reißt sie sich dann sichtlich zusammen und erklärt, dass sie trotz allem einen neuen Anfang mit Robert versuchen möchte. Sie habe ihm erzählt, dass sie heute zu mir gehe, und er habe daraufhin sofort die Bereitschaft signalisiert, dass sie das nächste Mal gemeinsam kommen könnten.

Das ist allerdings leichter gesagt als getan – erst fünf Wochen später finden die beiden einen Termin, an dem sie es einrichten können, gemeinsam zu kommen. Unser Gespräch verläuft dann alles andere als einfach. Zwar behaupten sowohl Ariane wie auch Robert, dass sie an ihrer Beziehung etwas verändern wollen, aber zu allen Möglichkeiten, die wir im Verlauf der Sitzung entwickeln, gibt es von mindestens einem der beiden ein »Ja, aber …«. Die Kompromissbereitschaft hält sich auf beiden Seiten stark in Grenzen.

In der Folgezeit sehe ich Robert und Ariane in der Regel getrennt, denn weitere gemeinsame Termine sind wieder über Wochen hinweg nicht möglich. Bei den Einzelgesprächen muss ich bei beiden immer wieder feststellen, dass sie auch die Sitzungen bei mir angehen wie eine ihrer Managementaufgaben im Job – pragmatisch, sachlich und nie bereit, die Kontrolle zu verlieren. Als sie merken, dass ich nicht bereit bin, mich auf dieses oberflächliche Spiel einzulassen, beenden sie die Besuche bei mir mit der Begründung, ich hätte ihnen nicht genug Hausaufgaben aufgegeben. – Dass es nicht darum geht, eine Liebesbeziehung zu führen, indem man einfach brav seine Hausaufgaben erledigt und emotional am besten gar nicht involviert ist, haben die beiden nicht verstanden. Für den kleinen Jonas hoffe ich, dass seine Eltern inzwischen dennoch einen Weg zueinander gefunden haben.

Wie Sie diese Liebeskummerfalle umgehen können

Vereinbaren Sie feste Termine mit Ihrem Partner

Ob in Beziehungen oder in anderen Bereichen – die Begründung »keine Zeit« ist immer eine Ausrede bzw. eine vertuschende Formulierung für »nicht so wichtig«. Es geht dabei um die Prioritäten, die man selbst sich setzt. Sie nehmen sich ein bestimmtes Maß an Zeit für Ihre Arbeit, Ihre Kinder, für Freunde, Eltern oder Ihr Hobby. Sie sollten deshalb auch ein Mindestmaß an Zeit für Ihre Partnerschaft einplanen.

Jeder weiß, dass eine Freundschaft kaputtgehen kann, wenn man für den Freund oder die Freundin nie Zeit hat. Natürlich gilt dasselbe auch für eine Liebesbeziehung. Ich rate Ihnen unbedingt dazu, verbindliche Termine mit Ihrem Partner festzulegen, wann nur Sie und Ihr Partner gemeinsam Zeit verbringen. Das kann zum Beispiel ein Abend in der Woche sein, an dem Sie gemeinsam kochen, essen gehen oder einen langen Spaziergang unternehmen. Wichtig ist es, diese »Paar-Abende« nicht mit Aktivitäten zu füllen, an denen im Grunde keine oder nur wenig Kommunikation stattfinden kann, also Kino- und Theaterbesuche oder Verabredungen zum Badminton- oder Tennisspielen. Wenn Sie Lust auf solche Unternehmungen haben, können sie ja einen zusätzlichen Termin dafür vereinbaren.

Versuchen Sie, das Wir-Gefühl zu stärken

Neben den festen »Paar-Verabredungen« ist es in einer Beziehung, in der beide Partner sehr beschäftigt sind, wichtig, dass das Zusammengehörigkeitsgefühl immer wieder gestärkt und weiterentwickelt wird. So etwas funktioniert beispielsweise über ein gemeinsames Hobby oder über bestimmte Paar-Rituale. Solche Rituale müssen nicht viel Zeit in Anspruch nehmen, können aber eine große Wirkung haben. Zum Beispiel sagen Sie sich an zwei festgelegten Abenden in der Woche, wenn Sie ins Bett gehen (oder morgens, bevor Sie aufstehen) gegenseitig jeweils eine Eigenschaft, die Sie aneinander schätzen. Das können Kleinigkeiten sein, wie etwa: »Ich mag an dir, dass du manchmal den Tisch so liebevoll für uns deckst.« Seien Sie fantasievoll und vermeiden Sie Wiederholungen.

Wenn Sie das ein paar Wochen lang hintereinander gemacht haben, können Sie sich andere Themen ausdenken, zum Beispiel »Ich möchte mit dir mal …« oder »Ein schönes Erlebnis mit dir, an das ich mich gern erinnere, ist …«.

Liebeskummerfalle Nr. 5: Rollenkonflikte

Wann ist ein Mann ein Mann und eine Frau eine Frau?

Die Gleichberechtigung zwischen Mann und Frau ist heute in vielen Bereichen vollzogen. Beruflich haben Frauen extrem aufgeholt (wenn sie auch nicht immer denselben Lohn für dieselbe Arbeit erhalten) und legen nicht selten raketenartige Karrieren hin. Sexuell gibt es mittlerweile keine Tabus mehr und Frauen holen sich, was sie brauchen – in einigen Fällen sogar Sex gegen Geld. Bei der Kinderbetreuung und -erziehung werden auch Männer sehr viel stärker gefordert, und viele Möglichkeiten, die noch vor wenigen Jahrzehnten dem männlichen Geschlecht vorbehalten waren, stehen heute auch den Frauen offen.

So erfreulich diese Entwicklung im Großen und Ganzen ist, so viele Schwierigkeiten bringt sie jedoch in vielen Liebesbeziehungen mit sich. Denn Männer sind heute nicht mehr als »Helden der Arbeit« gefragt, die sich gut fühlen können, weil sie jeden Morgen in die große, weite, gefährliche Welt hinausziehen, um die Familie zu versorgen. Sie sind über die Maßen verunsichert und wissen nicht mehr, wie sie sich den Frauen gegenüber verhalten sollen.

Frauen ihrerseits stehen unter permanentem Leistungsdruck, denn eine Frau, die heute auf einer Party sagt, sie sei Hausfrau und Mutter, wird unter all den jungen Karriere-Mädels kaum noch ernst genommen. Dabei gibt es eine ganze Menge Frauen, die sich in den ersten Jahren sehr gern um ihre Kinder kümmern würden. Nur leider lässt sich dieser Wunsch in vielen Fällen gar nicht mehr ausleben, denn schließlich würde frau sonst den Anschluss im Berufsleben verpassen.

Doch trotz des neuen und weitgehend ungeklärten Geschlechterverhältnisses verlieben sich Frauen und Männer noch immer ineinander – oder zumindest möchten sie sich verlieben. Das scheint heute allerdings viel schwieriger zu sein, wie die folgenden beiden Geschichten illustrieren.

Kiras Geschichte

Kira ist 37 Jahre alt und arbeitet in einem großen, in Hamburg angesiedelten Zeitschriftenverlag als Redakteurin. Sie ist fast 1,80 m groß und schlank, hat langes dunkles Haar und zieht meist viele Männerblicke auf sich, wenn sie abends aufgestylt unterwegs ist.

Und sie sieht nicht nur gut aus, sondern ist auch hoch intelligent und wortgewandt, hat Humor, viele Freunde, einen guten und noch dazu gut bezahlten Job und ist bei bester Gesundheit.

Einziger »Makel« in den Augen von Kolleginnen, Freundinnen und Familie: Kira hat keinen Mann. Und das liegt keineswegs daran, dass sie keinen haben möchte.

An Gelegenheiten mangelt es Kira durchaus nicht, sie geht am Wochenende häufig mit einer Freundin Salsa tanzen und ist auch beruflich manchmal unterwegs. Wenn sie dann von weitem mit einem Mann flirtet, fällt es ihr nicht schwer, ihn anzusprechen und eine Verabredung in Aussicht zu stellen.

Auch beim Date selbst legt sie ein ziemliches Tempo vor, und nicht selten passiert es, dass sie schon am ersten Abend jemanden mit zu sich nach Hause nimmt. Sobald sich dann weitere Verabredungen ergeben, stellt sie den neuen »Kandidaten« gern ihren Freunden vor und erzählt auch ihrer Mutter von den neuesten Entwicklungen.

Doch was so dynamisch und hoffnungsvoll beginnt, findet meist nach vier oder fünf Monaten, manchmal sogar noch schneller, wieder ein Ende. Wenn Kira dann nachfragt, was denn seiner Meinung nach falsch gelaufen ist, kommen vom Gegenüber meistens Floskeln wie »Du bist einfach zu perfekt«, »Ich spiele nicht in deiner Liga« oder »Es liegt nicht an dir, aber ich kann meine Freundin einfach nicht verlassen«.

Als sie Tobias kennenlernt, läuft zunächst alles nach Plan. Er bewundert sie für ihren wachen Verstand und diskutiert mit ihr über politische, philosophische und alle möglichen anderen Themen. Kira verfolgt bei diesen Gesprächen immer einen festen Standpunkt und lässt sich kein X für ein U vormachen. Dass Kira allerdings auch sonst auf allerlei Prinzipien rumreitet und man(n) sich in ihrer Gegenwart nicht den kleinsten Fauxpas erlauben darf, treibt ihn schon manchmal zur Verzweiflung.

Hinzu kommt, dass Kira wesentlich mehr Geld verdient als Tobias mit seiner Stelle als Doktorand. Als sie vorschlägt, gemeinsam in Urlaub zu fahren, ist er zunächst total begeistert. Allerdings stellt sich schnell heraus, dass sie ziemlich unterschiedliche Vorstellung davon haben, wie dieser Urlaub zu gestalten wäre. Es fängt mit der Einigung über den richtigen Ort an und hört bei der Wahl der Unterkunft auf. Während Tobias eine Ferienwohnung in Dänemark oder auf einer Nordseeinsel vorschwebt, denkt Kira an ein schickes Hotel auf Malta oder Sardinien. Sie wolle ihre rar gesäte Freizeit nicht auch noch damit verbringen, dass man selbst einkaufen und kochen müsse, erklärt sie genervt. Als Tobias anbringt, dass ihm leider das nötige Kleingeld für einen Urlaub nach ihrer Vorstellung fehle, erntet er nur verächtliche Blicke, die ihm sagen: Mit so einem kleinen Versager wie dir gebe ich mich doch gar nicht erst ab!

Nach einem weiteren peinlichen Erlebnis, bei dem Tobias Kira vollkommen underdressed zu einer Gala begleitet, auf der alle anderen Männer Smokings tragen, merkt er, dass es ihm nun langsam reicht. »Ich bin einfach nicht der Typ, der an deine Seite gehört«, schreibt er Kira in einer langen Mail – und beendet damit die Beziehung.

Mit Lennard, den Kira drei Monate später kennenlernt, verläuft die Geschichte dagegen ganz anders. Er hat vollendete Umgangsformen, und ihn kann Kira zu jedem Abendessen, jeder Party und jedem Event mitnehmen, ohne Angst haben zu müssen, dass er sich irgendwie daneben benimmt oder falsch kleidet. Auch finanziell kann Lennard, der eine gut laufende Anwaltskanzlei besitzt, ihr locker das Wasser reichen. So weit ist also alles bestens – nur hat die Sache einen »kleinen« Haken: Lennard hat eine Ehefrau und hat nicht vor, sie zu verlassen.

Zwar redet er auch gern mal abfällig von seinem kleinen »Blondchen« zu Hause, aber wenn Kira dann fragt, was er überhaupt an ihr fände, zuckt er nur mit den Schultern und wirft ihr einen Blick zu, der ausdrückt: »Ach, was soll man machen, ich hab's halt gern bequem.«

Kira hält das alles jedoch nicht davon ab, immer wieder zu insistieren und darauf zu drängen, das Lennard seine Frau verlassen und zu ihr ziehen soll. Am Anfang schmeichelt ihm das zwar noch, aber irgendwann fängt es an, ihm auf die Nerven zu gehen. Als Kira dann auch noch skrupellos über das »dumme Ding« herzieht, das Lennard ihrer Ansicht nach bloß wie ein Klotz am Bein hängt, platzt ihm schließlich der Kragen. Man könne sich gern weiterhin so ein, zwei Mal im Monat treffen und sich miteinander amüsieren oder vielleicht auch hin und wieder mal miteinander ausgehen, aber alles andere seien schließlich seine, Lennards, Angelegenheiten, aus denen Kira sich doch bitteschön rauszuhalten habe.

Daraufhin treffen sie sich noch zwei oder drei Mal, bis Kira den Kontakt schließlich abbricht. Sie will ja keine Daueraffäre, sondern einfach nur einen intelligenten, charmanten, erfolgreichen, solventen, gut aussehenden, ungebundenen Mann, der ihr das Wasser reichen kann. So schwer könne es doch nicht sein, ein solches Exemplar aufzutreiben …

Die Geschichte von Kerstin und Christian

Kerstin und Christian sind seit acht Jahren ein Paar und haben eine zweijährige Tochter. Kennengelernt hatten sie sich bei einer Veranstaltung in der Schwedischen Botschaft in Berlin, wo Kerstin die Pressestelle leitet. Anlass war damals die Vorstellung eines schwedischen Films, bei dem Christian als Synchronsprecher mitgearbeitet hatte.

Die ersten Jahre der Beziehung verlaufen sehr harmonisch. Christian bewundert die selbstbewusste Kerstin, die so souverän und ehrgeizig ihre Karriere verfolgt, während er mit den gelegentlichen Jobs als Synchronsprecher immer gerade mit Ach und Krach über die Runden kommt. Kerstin findet an Christian dieses Künstlerische und leicht chaotisch Unkonventionelle sympathisch.

Als die beiden nach zweieinhalb Jahren in eine gemeinsame Wohnung ziehen, hat Kerstin im Großen und Ganzen kein Problem damit, dass sie mehr Geld für Miete und Lebenshaltung bezahlt als Christian, denn schließlich liegt ihr der etwas gehobenere Lebensstandard auch mehr am Herzen als ihm. Christian wünscht sich zwar, dass er finanziell mit ihr mithalten kann, allerdings ist er wegen seiner politischen Überzeugungen auch nicht bereit, jeden Job anzunehmen, der ihm angeboten wird.

Als Kerstin nach weiteren zweieinhalb Jahren schwanger wird, gibt es hinsichtlich der zukünftigen Rollenaufteilung zwischen den beiden keine langen Diskussionen: Kerstin wird ein halbes Jahr in Elternzeit gehen und anschließend in den Job zurückkehren, während Christian sich danach um das Kind kümmern wird, bis es alt genug ist, um in den Kindergarten zu gehen. Gelegentliche Sprecherjobs lassen sich dann sicher auch mit einem Babysitter überbrücken.

Als die Tochter Carlotta zur Welt kommt, ist das Paar zunächst ein Herz und eine Seele. Da Christian in dieser Zeit kaum Aufträge hat, haben sie gemeinsam viel Zeit für das Baby. Fast sechs Wochen verbringen sie bei Kerstins Familie in der Nähe von Stockholm, wo sie Ruhe und den entspannten Tagesrhythmus genießen, der ihnen in Berlin so oft fehlt.

Gerade weil Christian in den ersten sechs Monaten bei der Versorgung der Tochter schon so präsent war, fallen ihm und Carlotta die Umstellung nicht sehr schwer, als Kerstin wieder zu arbeiten anfängt. Bloß darüber, dass er den ganzen Tag lang oft mit keinem erwachsenen Menschen spricht, beklagt sich Christian in den ersten Wochen. Ansonsten löst er alle Aufgaben des täglichen Lebens geradezu vorbildlich. Er geht viel mit Carlotta spazieren, kauft ein, kümmert sich um den Haushalt und hat meistens etwas gekocht, wenn Kerstin abends erledigt nach Hause kommt.

Da er misstrauisch ist, was in der industriell hergestellten Babynahrung womöglich alles an Zusatzstoffen enthalten ist, beginnt er, alle Mahlzeiten für Carlotta aus Biogemüse selbst zu kochen. Ein- oder zweimal pro Woche verwandelt sich die Küche dann fast in ein Laboratorium, wo Gläser und andere Behälter ausgekocht und wieder gefüllt, Essen püriert, portioniert und eingefroren wird.

Anfangs hören sich Christian und Kerstin noch interessiert die Neuigkeiten an, die der andere von seinem Arbeitstag zu berichten hat, doch je mehr Monate vergehen, desto weniger nehmen sie noch Anteil an den Geschichten des Partners. Ihr Alltag erscheint ihnen so unterschiedlich, dass es kaum noch Anknüpfungspunkte zu geben scheint. Also begnügen sie sich mit einer kurzen oberflächlichen Zusammenfassung – zumal sie ohnehin oft beide so erschöpft sind, dass jeder einfach nur noch seine Ruhe haben möchte.

Mittlerweile hat Christian auf dem Spielplatz die Bekanntschaft einiger Mütter gemacht, mit denen er sich fast täglich zur selben Uhrzeit trifft. Die Frauen finden es erfrischend, auch mal einen Mann in ihren Reihen zu haben, noch dazu einen, der beim Film arbeitet.

Als sie beschließen, man könne sich doch auch mal am Sonntagnachmittag mit den jeweiligen Partnern bzw. Christians Partnerin zu Kaffee und Kuchen bei einer der Frauen im Garten treffen, ist Christian gleich begeistert und erklärt sich bereit, einen Kuchen zu backen. Zu Hause wälzt er sofort Rezepte und backt in einer einzigen Woche drei »Probekuchen«, damit er am Sonntag vor den anderen Müttern auch in dieser Hinsicht bestehen kann.

Kerstin findet diesen Aktionismus ein wenig übertrieben, aber solange sie selbst nicht noch abends in der Küche stehen muss, ist es ihr eigentlich auch gleichgültig.

Als es dann am Sonntag losgeht, ist die Kleinfamilie guter Dinge. Allerdings hatte Kerstin nicht mit dem gerechnet, was sie erwartet: Fünf Frauen und ihr Mann reden unentwegt über Kinderkrankheiten, Babynahrung, Buggymodelle und Bilderbücher. Und ganz selbstverständlich setzt man voraus, dass Kerstin genauso auf dem Laufenden ist wie sie.

Zwei der Ehemänner von den anderen Müttern sind gar nicht erst mitgekommen, während die anwesenden Männer mit den neuesten technischen Errungenschaften des Hausherrn beschäftigt sind. Nach einer Stunde beginnt Kerstin, sich zu Tode zu langweilen, und setzt sich lieber zu den Kleinkindern an die Sandkiste, anstatt sich an den Gesprächen der anderen zu beteilen. Entsprechend mies ist die Stimmung zwischen ihr und Christian, als sie sich (endlich!) um 18 Uhr verabschieden.

Als sie es wagt, sich über die »spießigen Tussen« lustig zu machen, reagiert Christian aggressiv: Sie habe doch gar keine Ahnung, wie das ist, Tag für Tag den Haushalt zu schmeißen und sich um die Kindererziehung zu kümmern. Sie solle doch erstmal lernen, wertzuschätzen, was er und diese Frauen leisten, dann habe sie vielleicht, aber auch nur vielleicht, das Recht, sich irgendein Urteil über sie zu erlauben.

So sei das doch gar nicht gemeint gewesen, beschwichtigt Kerstin, aber für den Rest des Abends bleibt die Luft zwischen ihnen zum Schneiden dick.

Je mehr Christian nun in seiner neuen Rolle als Hausmann und Vater aufgeht, desto öfter geraten er und Kerstin aneinander. Kerstin wirft ihm vor, schon vollkommen zu degenerieren und sich überhaupt nicht mehr um seine berufliche Entwicklung zu bemühen; Christian beschuldigt Kerstin, sie interessiere sich überhaupt nicht für Carlottas Entwicklung und sei gefühlsmäßig so kalt wie der schwedische Winter.

Als Christian eines Abends zu einer Veranstaltung in der schwedischen Botschaft in einem mit Brei bekleckerten Hemd erscheint, bittet Kerstin ihn sogar, ihr die Peinlichkeit seiner Anwesenheit zu ersparen. Ob er denn jetzt jeden Bezug zur normalen Welt verloren habe, dass er nicht mal mehr ein dem Anlass entsprechendes akzeptables Äußeres an den Tag legen könne.

Dieser Zwischenfall verletzt Christian so tief, dass er daraufhin tagelang nicht mehr mit Kerstin spricht. Insgeheim muss er allerdings zugeben, dass er selbst ziemlich erschüttert ist. Tatsächlich hatte er vor dem Losfahren gar nicht mehr darauf geachtet, wie er eigentlich aussieht. Gut, er hatte sich morgens gekämmt, gewaschen und rasiert, weil er das jeden Tag so macht. Aber das war's auch schon an allgemeiner Körperpflege. Wie er ansonsten herumlief, in seinen ausgewaschenen Jeans und seinen knitterigen Hemden oder ausgeleierten Pullovern, war ihm ziemlich gleichgültig.

Und ganz unrecht hatte Kerstin damit auch nicht, dass er sich überhaupt nicht mehr um seine Karriere kümmerte. Für ihn könnte es einfach immer so weitergehen, wie es jetzt war. Es machte ihm Spaß, Zeit mit Carlotta zu verbringen und mitzubekommen, welche Fortschritte sie in ihrer Entwicklung machte.

Die Hausarbeit war zwar lästig, aber schließlich gab es auch in Kerstins Job Dinge, die sie ungern tat und die dennoch getan werden mussten. Also nahm er auch das Putzen in Kauf.

Nachdem er einen ganzen Tag darüber nachgedacht hatte, beschließt Christian in einer ruhigen Minute mit Kerstin über das Thema zu sprechen: ihre jeweiligen Rollen und was sie voneinander erwarten.

Doch während er sich erhofft, dass sie über ein solches Gespräch wieder mehr zueinander finden, bewirkt das Aussprechen der Dinge bei Kerstin eher das Gegenteil: Mit einem Mal wird ihr bewusst, wie sehr sich ihre Beziehung verändert hat und wie wenig sie in Christian noch den Mann sieht, den sie damals kennengelernt hat. Und wie wenig Achtung sie überhaupt noch vor ihm hat – das ist das Schlimmste von allem.

Als ich sechs Wochen später Christian als ein einziges Häufchen Elend in meiner Praxis sitzen habe, ist Kerstin vorübergehend zu einer Freundin gezogen, weil sie sich, wie sie sagt, klar werden muss, ob die Beziehung noch eine Zukunft hat. Da sie sich weigert, Christian zu mir in die Praxis zu begleiten, wage ich das zu bezweifeln …

Wie Sie diese Liebeskummerfalle umgehen können

Reden Sie offen mit Ihrem Partner über Erwartungen und Rollenvorstellungen

Ein klärendes Gespräch kann manchmal Wunder wirken. Gerade bei den Themen Rollenvorstellungen und Emanzipation, bei den Bildern, die wir von Männlichkeit und Weiblichkeit im Kopf haben, kommen häufig Erkenntnisse zum Vorschein, mit denen wir zunächst vielleicht gar nicht gerechnet haben.

Wir denken heute, wir müssten alle den Ansprüchen an »die neue Frau« oder »den neuen Mann« genügen. Frauen sollen fürsorglich, verständnisvoll, sexy, intelligent, erfolgreich und ehrgeizig sein, von den Männer wird erwartet, dass sie erfolgreich, durchsetzungsfähig, gut verdienend und attraktiv sind, aber auch, dass sie sensibel, verständnisvoll und zärtlich sind, gut kochen können und neben der Karriere auch noch schnell die Kinder erziehen. – Und alle rackern sich ab, um diesem übrigens vollkommen unrealistischen Bild gerecht zu werden.

In meiner Praxis höre ich dagegen immer und immer wieder, wie sehr sowohl Frauen wie auch Männer sich nach einer eher traditionellen Rollenaufteilung sehnen. Da gesteht die Top-Managerin, dass sie sich nichts mehr als einen romantischen Heiratsantrag wünscht, und der arbeitslose Architekt macht sich die größten Vorwürfe, dass er nicht in der Lage ist, seine Familie anständig zu versorgen und seiner Frau mal etwas Luxus zu bieten.

Je früher Sie darüber reden, was Sie in dieser Hinsicht voneinander erwarten und sich vom anderen wünschen, desto weniger laufen Sie Gefahr, in diese Liebeskummerfalle zu tappen.

Es ist Ihnen wichtig, die alten Rollenmodelle aufzubrechen? – Dann nehmen Sie auch die »Nachteile« in Kauf!

Vielleicht gehören Sie zu den Menschen, die im Grunde froh sind, dass die traditionellen Rollenmodelle sich endlich verschoben haben. Wenn Sie es als Frau genießen, dass Ihr Mann sich um die Kinder kümmert, oder wenn Sie es als Mann genießen, dass Sie nicht die ganze Verantwortung für die Versorgung der Familie allein tragen müssen, dann legen Sie Toleranz an den Tag, wenn Sie mal mit den »Schattenseiten« dieser Entwicklung konfrontiert sind.

Eine Frau, die den ganzen Tag arbeitet, um das Familieneinkommen zu sichern, ist abends auch mal müde oder schlecht gelaunt. Sie will vielleicht nicht immer lächelnd Ihren Geschichten zuhören, sondern einfach mal hemmungslos über ihren Chef ablästern.

Ein Mann, der sich hauptsächlich um die Erziehung der Kinder kümmert, hat nicht dieselben Erfolgserlebnisse, die man aus dem Berufsleben kennt. Trotzdem möchte er für das, was er den ganzen Tag im Hintergrund leistet, hin und wieder auch gelobt werden.

Versuchen Sie, für Ihr Gegenüber Verständnis aufzubringen, wenn es mal nicht so gut läuft, und vermitteln Sie Ihre Wertschätzung für das, was er oder sie im Alltag leistet – egal, ob es im Job oder im Haushalt ist.

Gehen Sie spielerisch mit Ihren Rollen um

Wenn Sie immer wieder über Ihre Rollenbilder in Konflikt geraten, machen Sie doch einfach mal ein Experiment. Verhalten Sie sich einen Tag lang (am besten am Wochenende) ganz nach dem klassischen Frauen- oder Männerbild, das Sie im Kopf haben. Als Mann könnten Sie dann Ihrer Frau in den Mantel helfen, Ihr die Tür aufhalten, im Restaurant bezahlen und so weiter. Als Frau könnten Sie Ihren Mann mit einer leckeren Mahlzeit versorgen, sich für ihn hübsch anziehen und so weiter.

Anschließend können Sie sich darüber austauschen, was Ihnen an dem Rollenspiel gefallen hat, was Sie vielleicht in Ihren Alltag übernehmen möchten und was nicht.

Sie können die Rollen übrigens auch mal tauschen – Sie werden sicher viel Spaß dabei haben.

Liebeskummerfalle Nr. 6:
Ausbruch statt Auseinandersetzung

Vom Umgang mit der eigenen Geschichte

Wenn eine Liebesbeziehung auseinandergeht, liegt das nicht immer daran, dass es zwischen beiden Partnern unüberbrückbare Differenzen gibt. In einigen Fällen ist die Liebe schon von vornherein zum Scheitern verurteilt, weil ein Partner seine persönlichen »Altlasten« seit Jahren oder sogar seit Jahrzehnten mit sich herumträgt und quasi durch jede neue Beziehung schleift. Meist handelt es sich dabei entweder um ein traumatisches Ereignis aus der Kindheit, um zutiefst verinnerlichte Rollen- oder Moralvorstellungen oder um eine nicht verarbeitete Verletzung aus einer vorherigen Partnerschaft.

Das Problem an diesem Problem besteht nicht nur darin, dass die neue Partnerin oder der neue Partner davon zunächst nicht wissen. Vielmehr ist den Betroffenen selbst ihre eigene Problematik gar nicht bewusst – und so schlittern sie von einer Krise in die nächste und merken oftmals gar nicht, dass es sich dabei um lauter Variationen eines Ur-Themas handelt.

Ich möchte keineswegs den Eindruck erwecken, dass es aus diesem Dilemma keinen Ausweg gibt. Aus meiner Sicht ist es hier aber dringend angeraten, sich professionelle Hilfe zu holen, um aus diesem persönlichen Teufelskreis herauszukommen und sich endlich mit der eigenen Geschichte auseinanderzusetzen. Lesen Sie hierzu die folgenden beiden Geschichten.

Die Geschichte von Sönke und Kathrin

Sönke und Kathrin lernten sich vor zweieinhalb Jahren auf dem Kölner Karneval in einer Kneipe kennen. Zwar ist es für beide nicht die ganz große Liebe, aber sie verstehen sich gut, werden immer vertrauter miteinander und wissen die Persönlichkeit des anderen durchaus zu schätzen.

Sönke liebt an Kathrin die Spontanität und ihre Fähigkeit, offen auf Menschen zuzugehen, Kathrin mag Sönkes Fürsorglichkeit und seine Zuverlässigkeit. Überrascht ist sie jedoch von seinem Wunsch, an den Abenden, die sie nicht gemeinsam verbringen, immer wenigstens noch kurz mit ihr zu telefonieren. Solche »Paar-Rituale« sind ihr persönlich ganz fremd, und von Freundinnen kennt sie diese Struktur eher anders herum: Die Frau will dann regelmäßig Kontakt mit dem Mann, während ihm diese Anhänglichkeit eher lästig ist.

Wenn sie ehrlich ist, findet sie es auch ein bisschen lästig, Sönke unbedingt noch anrufen zu müssen, wenn sie nachts um halb zwei von einem Kneipenabend mit Freundinnen nach Hause kommt und eigentlich nur noch ins Bett fallen und schlafen will. Vor allem da sie ihn mit ihren Anrufen dann häufig sogar weckt, will ihr überhaupt nicht einleuchten, was Sönke so toll daran findet, vom Handyklingeln aus dem Schlaf gerissen zu werden. »Ich bin dann beruhigt, dass du gut nach Hause gekommen bist und dass du an mich denkst«, antwortet er auf ihre Nachfrage hin – und so tut Kathrin ihm den Gefallen. Genügend andere Frauen würden sich nach einem so verbindlichen und fürsorglichen Freund schließlich alle zehn Finger lecken …

So führen die beiden anderthalb Jahre lang eine harmonische Beziehung und stellen in dieser Zeit auch den anderen ihren jeweiligen Familien vor. Seit einigen Monaten spricht Sönke nun immer häufiger davon, dass er es schön fände, mit Kathrin in eine gemeinsame Wohnung zu ziehen. Zwischen ihnen liefe es so gut, erklärt er, und da er ja vor kurzem einen unbefristeten Arbeitsvertrag bekommen habe, könne man doch auch langsam gemeinsame Zukunftspläne aushecken.

Kathrin findet die Idee, zusammen in eine größere Wohnung zu ziehen, auch gar nicht so abwegig. Sie nervt es schon seit einiger Zeit, dass sie ständig ihre Sachen zwischen ihrer eigenen und Sönkes Wohnung hin- und herschleppt und dass außerdem ziemlich häufig das Gemüse im Kühlschrank verdirbt, weil sie und Sönke sich nicht abgesprochen haben oder weil sie dann doch das ganze Wochenende bei ihm zu Hause waren, obwohl es ursprünglich anders geplant war.

Also nehmen sie sich am Samstagmorgen die Tageszeitung vor, um die Lage auf dem Wohnungsmarkt zu sondieren. Nachdem sie sich in den folgenden Wochen acht oder neun Wohnungen angeschaut haben, entscheiden sie sich schließlich für eine großzügige Altbauwohnung mit Balkon, von der aus Kathrin es nur zehn Minuten bis zu ihrer Arbeitsstelle an der Uni hat.

Beim Umzug helfen die Freunde und die Familien der beiden, und abends sitzen sie noch bei Bier und Kartoffelsalat mit zehn Leuten bis 24 Uhr auf Kartons und Hockern in der Küche – ein guter Einstieg ins neue Leben.

Als sie dann schließlich vollkommen erschöpft auf der provisorisch auf den Boden drapierten Matratze liegen, fällt Kathrin noch ein: »Jetzt brauche ich dich abends nie mehr anzurufen, denn jetzt komme ich ja in unser gemeinsames Bett. Da merkst du dann von selbst, dass ich da bin.« Sönke murmelt irgendetwas Zustimmendes, kurze Zeit später hört Kathrin ihn leise schnarchen.

Für die folgende Woche haben beide sich freigenommen, um die Kartons auszupacken und die Wohnung gleich richtig einzurichten. Kathrin will auf keinen Fall, dass »ein halbes Jahr nach dem Umzug noch überall kleine Baustellen bleiben, weil hier ein Regal nicht angebracht ist oder dort ein Garderobenhaken fehlt«. Deshalb versuchen sie jetzt Zimmer für Zimmer komplett zu gestalten, fahren manchmal mehrmals am Tag zu Ikea oder zum Baumarkt und haben sich am Ende der Woche ein gemütliches gemeinsames Nest geschaffen.

Am Montagmorgen setzt Sönke Kathrin bei ihrer Arbeit ab, fährt selbst weiter ins Büro und bietet ihr an, sie abends wieder abzuholen. So pendelt sich eine Routine ein, bei der beide ihren Arbeitstag immer mehr aufeinander abstimmen. Manchmal schlägt Sönke auch vor, dass sie mittags gemeinsam etwas essen gehen könnten. Wenn das nicht möglich ist, weil Kathrin Termine hat, ruft er sie mindestens einmal am Tag im Büro an, um zu fragen, ob alles in Ordnung ist.

Kathrin fühlt sich angesichts dieser Entwicklungen ein wenig eingeengt, doch wenn sie das Thema anspricht, spielt Sönke die Sache herunter. Ihr Büro läge doch auf seinem Weg und da wäre es ja Unsinn, wenn sie nicht gemeinsam fahren würden. Und meistens rufe er sie an, weil ihm im Büro oft so langweilig sei und er sich eine kleine Pause verschaffen will. Es sei manchmal einfach unerträglich mit seinen Bürokollegen, die den ganzen Tag nur blöde Witze reißen. Da wolle er hin und wieder einfach mit einem vernünftigen Menschen sprechen. Das sei auch der Grund, warum er lieber mit ihr Mittagessen gehe als mit den Kollegen.

Kathrin kann das verstehen, zumal sie Sönkes Kollegen selbst einmal kennengelernt hatte und sie ziemlich daneben fand. Sie lässt die Sache also auf sich beruhen, obwohl es ihr vor ihrer eigenen Kollegin schon ein bisschen peinlich ist, dass ihr Freund offenbar »alle fünf Minuten einen Kontrollanruf macht«.

Als Sönke allerdings damit anfängt, sie auch abends bei Verabredungen mit Freundinnen anzurufen oder wenn sie bei ihrer Schwester mal auf die Kinder aufpasst, findet sie das wirklich bedenklich. Einmal kommt es sogar vor, dass Kathrin mit Freunden in einem Gartenlokal verabredet ist und Sönke auf seiner abendlichen Radtour »ganz zufällig« vorbeikommt, sich uneingeladen zu ihnen setzt und bis zum Schluss dableibt. Und das alles im durchgeschwitzten Radfahrer-Outfit! Kathrin wäre vor Scham am liebsten im Erdboden versunken.

Kurze Zeit später passiert noch einmal etwas Ähnliches: Kathrin hat sich mit einer Freundin fürs Kino verabredet, und an der Kasse begegnen die beiden plötzlich Sönke, der sich »ganz spontan« überlegt hatte, ebenfalls ins Kino zu gehen. Natürlich setzt er sich dann auch neben die beiden, denn es wäre ja affig, sich nun extra weit weg zu setzen …

An diesem Abend hängt der Haussegen bei Kathrin und Sönke ziemlich schief. Kathrin platzt so richtig der Kragen und sie wirft Sönke vor, zu klammern, sie kontrollieren zu wollen, ihr vollkommen die Luft zum Atmen zu nehmen. Der sonst so verständnisvolle Sönke versteht überhaupt nicht, was daran so schlimm sein soll, dass er mit seiner Freundin möglichst viel Zeit verbringen wolle und außerdem um ihr Wohl besorgt sei.

Nachdem das Thema einmal offen zwischen ihnen auf den Tisch gekommen ist, wird es immer mehr zum Selbstläufer: Jede Initiative, die Sönke in Sachen Gemeinsamkeit und Planung an den Tag legt, erscheint Kathrin als weiteres Indiz für seinen Kontrollzwang. Und je mehr sie sich zurückzieht, desto stärker versucht er sie an sich zu binden. Auf einer großen Geburtstagsparty bei Freunden bricht Kathrin schließlich ganz aus der engen Beziehungsstruktur aus. Vor Sönkes Augen flirtet sie heftig mit einem anderen, und als Sönke darauf drängt, nach Hause zu fahren, besteht sie darauf, noch bleiben zu wollen. Er könne ja schon mal vorgehen.

Zwei Wochen später sind die beiden getrennt. Kathrin wohnt vorläufig bei ihrer Schwester, Sönke bleibt in der gemeinsamen Wohnung – und kommt auf Empfehlung eines Freundes zu mir in die Hamburger Praxis.

Als er mir seine Geschichte erzählt, wird deutlich, dass er überhaupt nicht versteht, was an seinem Verhalten so schlimm gewesen sein soll. Er habe doch nur das Beste für sie beide gewollt, und es sei keineswegs seine Absicht gewesen, Kathrin zu kontrollieren und einzuengen.

Erst einige Sitzungen später erfahre ich von Sönke, dass er als Kind adoptiert wurde – ein Aspekt in seiner persönlichen Geschichte, den wir in den folgenden Wochen intensiv bearbeiten. Obwohl seine Adoptiveltern ihn nie darüber im Unklaren gelassen hatten, dass er ein adoptiertes Kind ist, und ihm alles dazu gesagt haben, was er wissen wollte, wird Sönke plötzlich klar, wie sehr die Trennung von seinen leiblichen Eltern ihn offenbar geprägt hat. Je enger die Bindung an einen anderen Menschen wird, desto stärker werden auch seine Verlustängste. Wenn er ehrlich ist, so erklärt er, sei das schon in früheren Beziehungen so gewesen. Nur sei es dann eben gar nicht so weit gekommen, dass er mit einer Frau zusammengezogen sei.

Gemeinsam beschließen wir, dass es für Sönke hilfreich wäre, sich in eine langfristige Psychotherapie zu begeben, denn wenn er dieses Problem nicht löst, wird er auch in Zukunft keine glückliche Beziehung führen können. Heute ist er einerseits traurig, dass er sich nicht früher professionelle Hilfe geholt hat und die Beziehung mit Kathrin so vielleicht hätte retten können. Andererseits ist er ihr sogar dankbar, dass sie ihn mit ihrem Verhalten endlich auf die richtige Fährte gebracht hat.

Timos Geschichte

Timo kommt nicht aus akutem Liebeskummer in meine Praxis, sondern weil er seit Jahren auf der Suche nach der großen Liebe ist und sie einfach nicht findet. Rein äußerlich betrachtet, fällt mir zu Timos Leben kein passenderes Adjektiv ein als »perfekt«. Und damit meine ich nicht nur »in Ordnung« oder »alles in allem ganz okay«, sondern wirklich perfekt.

Timo ist 37 Jahre alt, lebt in Köln und hat einen sehr interessanten und gut bezahlten Job als TV-Redakteur. Er sieht blendend aus, ist top gepflegt und hat eine sympathische, männliche und selbstsichere Ausstrahlung. Dass dieser Mann noch zu haben ist, wird mit Sicherheit so ziemlich jede Frau in Erstaunen versetzen.

Während Timo mir von sich erzählt, erfahre ich, dass er ein sehr gutes Verhältnis zu seiner Familie hat, sowohl die Eltern wie auch die Geschwister und sogar die Großmutter sieht er regelmäßig. Bei einem Fernsehabend mit seiner Großmutter hatte er mich in einer Talkshow gesehen und daraufhin beschlossen, sich mit seinem Problem an mich zu wenden.

Auch was er über seinen Freundeskreis erzählt, lässt darauf schließen, dass Timo durchaus ein Mensch ist, der in der Lage ist, langfristige Kontakte zu pflegen und lebendig zu halten. Zu seinen engsten Freunden gehören zwei ehemalige Klassenkameraden, einen von ihnen kennt er sogar schon aus der Grundschulzeit.

In seiner Freizeit ist Timo im Sportverein aktiv. Er spielt Volleyball und engagiert sich außerdem im Vorstand des Vereins. In dieser Funktion hat er im vergangenen Jahr ein Freizeitturnier organisiert, an dem Vereine aus ganz Deutschland teilgenommen haben. – Ein großer Erfolg in der Vereinsgeschichte.

In Timos Leben scheint also alles ganz wunderbar zu laufen, nur mit der Liebe klappt es nicht so, wie er es sich wünscht. Mit Mitte 20 war er drei Jahre lang mit einer Kommilitonin zusammen, mit der sei er sogar verlobt gewesen, aber vier Wochen vor dem Hochzeitstermin sei er dann abgesprungen. Ein ziemliches Durcheinander habe er damals verursacht, erzählt er, was ihm für seine Exfreundin heute noch leid tue, aber er selbst habe diese

Entscheidung nie bereut. Seine Gefühle für sie seien plötzlich einfach weg gewesen, sagt er auf meine Nachfrage zu den Gründen für diesen Sinneswandel. Und eine Ehe, in der es mit den Gefühlen nicht stimmt, sei wohl weder ihm noch seiner Ex-freundin zuzumuten gewesen. »Lieber ein Ende mit Schrecken als ein Schrecken ohne Ende«, habe auch seine Mutter damals gesagt, als er sie in der Sache um Rat gebeten hatte.

Nach dieser Erfahrung sei er erst mal eine ganze Weile kuriert gewesen und habe sich nur auf seine Karriere konzentriert. Irgendwann lernte er dann Marit kennen, eine Schauspielerin, die in einer Produktion seiner Firma mitgespielt habe. Mit ihr führte er zwei Jahre lang eine Fernbeziehung, denn sie lebte in Berlin und war dort auch regelmäßig am Theater engagiert. In Marit sei er sehr verknallt gewesen, erzählt er, aber irgendwann hatten sie wohl den Zeitpunkt verpasst, ihrer Beziehung eine Richtung zu geben. So habe die »Nerverei wegen der ewigen Hin- und Herpendelei« schließlich über die Liebe gesiegt, und sie seien im Guten auseinandergegangen.

Was danach folgte, war im Grunde nicht mehr der Rede wert. Zweimal habe er Affären gehabt, die jeweils so zwei bis drei Monate gegangen seien. Aber dann sei doch nicht mehr daraus geworden. Zuletzt habe er intensiven Kontakt mit einer Frau über das Internet gehabt. Jeden Tag hatten sie sich mehrere E-Mails geschrieben, dann auch häufig telefoniert und sich schließlich sogar mal getroffen. Im Grunde habe alles zwischen ihnen gestimmt und er wisse eigentlich selbst nicht, warum er den Kontakt dann plötzlich abgebrochen habe. Aber plötzlich sei ihm das alles zu viel gewesen. Per E-Mail war es ihm leichtgefallen, sich der Frau gegenüber zu öffnen. Als sie sich dann wirklich gegenüberüberaßen, war ihm diese plötzliche Nähe peinlich und er hatte das Gefühl, sich ihr gegenüber quasi »ausgezogen zu haben«, weil er vorher so viel von sich offenbart hatte.

Doch obwohl er den Kontakt zu dieser Frau nicht auf eine verbindlichere Ebene bringen wollte, konnte er sie offenbar auch nicht ganz loslassen. Nach einigen Wochen begann er, ihr wieder E-Mails zu schreiben und hin und wieder mit ihr zu telefonieren. Nur über ein neues Treffen wurde nicht mehr gesprochen.

Wie bei Sönke dauerte es auch bei Timo eine ganze Weile, bis wir dem Ursprung seines Problems auf die Spur kamen. Es erstaunte mich, dass er mir über mehrere Wochen nichts davon erzählt hatte, dass seine Eltern sich getrennt hatten, als Timo elf Jahre alt war. Er stellte sein familiäres Umfeld immer als heile Familie dar – und umging es ganz subtil, mir diese nicht ganz unwesentliche Information mitzuteilen. Gerade weil heutzutage kein Hahn mehr danach kräht, wenn Eltern sich scheiden lassen, fand ich dieses Verhalten umso erstaunlicher.

Schließlich lag hierin jedoch der Schlüssel für Timos Problem. Denn wie sich herausstellte, hatte seine Mutter ihm nach der Trennung von seinem Vater sehr viel Verantwortung übertragen. Er musste sich häufig um seine jüngeren Geschwister kümmern und wurde in alle wichtigen Entscheidungen im Haushalt einbezogen. Einerseits genoss er diese Stellung als »Mann im Haus«, andererseits überforderte seine Mutter den Elfjährigen als Ehemann-Ersatz. Hinzu kam, dass diese Struktur bis heute aufrechterhalten wurde. Noch immer traf seine Mutter keine wichtige Entscheidung, ohne sich mit Timo zu beraten. Und auch die Geschwister baten ihn oft um seine Meinung, wenn es darum ging, verschiedene Alternativen abzuwägen.

Nie hatte Timo in einer solchen Situation Nein gesagt, stets steht er jedem Familienmitglied – und übrigens auch jedem Freund – mit Rat und Tat zur Seite. Dass damit aber der Platz, den eine mögliche Freundin oder Ehefrau in seinem Leben einnehmen könnte, schon von vornherein besetzt ist, war ihm bisher nicht bewusst.

Erst als wir dieses Thema intensiv bearbeitet hatten, gestand mir Timo weinend, dass es in der Beziehung mit Marit, der Schauspielerin, in Wirklichkeit sie gewesen war, die die Beziehung endgültig beendet hatte. Und auch bei den beiden etwas ausgedehnteren Affären hatten die Frauen den Kontakt nicht intensivieren wollen. Er sei einfach »zu lieb«, hieß es jedes Mal, ein supernetter Typ, aber eben nicht der Richtige für sie.

Daraufhin hatte Timo offenbar bei jeder neuen Bekanntschaft einen Schutzmechanismus eingebaut: Wenn er selbst das Zepter in der Hand behielt und die Frauen nicht zu nah an sich ranließ, konnte er auch nicht enttäuscht oder verletzt werden. Aus psychologischer Sicht litt er also unter Angst vor Nähe. Erst als er seine eigene Geschichte aufgearbeitet hatte, war er in der Lage zu erkennen, wie es überhaupt so weit hatte kommen können.

In den Sitzungen, die wir gemeinsam verbrachten, hat Timo für sich entschieden, in diesem Punkt achtsamer mit sich selbst umzugehen und einer neuen Liebe eine echte Chance zu geben, anstatt jedes Mal auszubrechen, wenn es im wahrsten Sinne des Wortes eng wird. Vielleicht will auch er sich im Rahmen einer Therapie noch intensiver mit seiner Geschichte auseinandersetzen.

Wie Sie diese Liebeskummerfalle umgehen können

Schauen Sie bei sich selbst, bevor Sie andere für Ihr Unglück verantwortlich machen

Bei Menschen, die in der Vergangenheit eine traumatische Erfahrung gemacht haben, ist es häufig so, dass alles, was mit diesem Erlebnis in Verbindung steht, quasi zum blinden Fleck in der Wahrnehmung wird. Sie sind dann nicht in der Lage, sich selbst in ihrem Verhalten zu reflektieren und die Situation aus der Perspektive des Partners zu betrachten. Wie in der ersten Geschichte dargestellt, hatte Sönke zunächst überhaupt kein Bewusstsein darüber, dass sein Verhalten grenzüberschreitend und unangemessen war. Er schob die Verantwortung für das Scheitern der Beziehung ganz und gar auf Kathrin ab und war nicht in der Lage, ihren Standpunkt zu verstehen.

Wenn Sie jedoch bereits mehrfach erlebt haben, dass Sie immer wieder aus ähnlichen Gründen verlassen werden oder dass man immer wieder dasselbe Verhalten an Ihnen kritisiert, ist es unbedingt angesagt, mal vor der eigenen Haustüre zu kehren und sich zu fragen: Was könnte dran sein, an dem, was die anderen über mich sagen? Welche Ängste halten mich davon ab, mich konstruktiv mit diesem Punkt auseinanderzusetzen? Hören Sie mal ganz ehrlich in sich hinein: Meist haben wir doch eine geheime Ahnung, dass da etwas verborgen liegt, auf das wir doch einmal einen genaueren Blick werfen sollten.

Es ist keine Schwäche, professionelle Hilfe anzunehmen!

Jeder von uns trägt seine eigene Geschichte in sich. Manche dieser Geschichten haben uns in der Vergangenheit so sehr verstört, dass sie uns daran hindern eine glückliche Beziehung zu führen. Oft haben wir diese verstörenden oder traumatischen Erlebnisse jedoch so gut vergraben, dass sie uns gar nicht mehr bewusst sind. Erst wenn wir zum wiederholten Male mit Situationen konfrontiert sind, mit denen wir einfach nicht fertig werden, erkennen wir die Notwendigkeit, nach der Ursache für diese Überforderung oder Blockade zu suchen und sie aufzuarbeiten.

Häufig empfinden Menschen diesen Schritt als persönliche Schwäche. Sie fühlen sich »unfähig« und holen sich Hilfe, um diese Unfähigkeit bzw. diesen Mangel zu beseitigen. Tatsächlich ist es aber eine große Stärke, wenn man den Mut hat, der eigenen inneren Wahrheit ins Gesicht zu sehen.

Wer sich einmal getraut hat, sich von einem Coach oder einem Psychologen beraten zu lassen, weiß, wie befreiend es sein kann, endlich einmal aus den eigenen Mustern auszusteigen und das eigene Leben aus einer neuen Perspektive zu betrachten. Natürlich ist der Prozess des Aufarbeitens auch oft schmerzvoll, und es fällt nicht immer leicht, eigene Überzeugungen loszulassen. Der Lohn kommt dann aber spätestens, wenn man merkt, mit wie viel Gelassenheit man an eine neue (oder vielleicht auch die bestehende) Beziehung herangehen kann, und wie leicht es dann ist, gemeinsam glücklich zu sein.

Liebeskummerfalle Nr. 7:
Nur das Negative sehen

Schade, dass ich nicht durchgehalten habe ...

Sich einen Partner zu suchen, um zu zweit statt allein durchs Leben zu gehen, und vielleicht sogar eine Familie zu gründen liegt offenbar in der Natur des Menschen. Kaum ist man Single, stürzt man sich auf die Tummelplätze der einsamen Herzen, um den derzeitigen Zustand möglichst schnell zu beenden. Doch nicht selten kommt es vor, dass Leute, die (endlich) wieder einen Partner an ihrer Seite haben, dieses Zusammensein nicht so recht zu schätzen wissen. Das, was am Anfang noch besonders aufmerksam wahrgenommen wurde, wird zur Normalität. Am Ende wird in einer Tour am anderen herumkritisiert und genörgelt, bis endlich auch der harmonischste Beziehungsalltag im Desaster endet.

Wenn dann einer der beiden Partner endgültig die Nase voll hat, seine Sachen packt und geht, ist das Geschrei plötzlich groß: »Ach, hätte ich nur ...«, »Ach, wäre ich nur ...«, »Ach, könnte ich nur die Uhr zurückdrehen«. Mit einem Mal findet man sich quasi im luftleeren Raum wieder und sieht, was in der Beziehung, die man so leichtsinnig hinter sich gelassen hat, doch alles schön war.

Der Schritt zurück zu einem Partner, der verlassen wurde oder einen aus lauter Frust selbst verlassen hat, ist jedoch weitaus schwieriger zu bewältigen als der Schritt, der aus der Beziehung hinausführte. Einen besonders drastischen Fall stellt hier die Geschichte von Beate dar, die sie in ihren eigen Worten für Sie erzählt. Ein anderes Beispiel ist Benjamins und Verenas Geschichte, die im Anschluss folgt.

Beates Geschichte

»Seit Anfang Februar 2008 lebe ich von meinem Mann getrennt. Seit der achten Woche nach der Trennung und bis heute versuche ich verzweifelt, zurückkehren zu dürfen. Für mich ist die Zeit stehengeblieben. Ich fühle mich, als ob ich erst seit einigen Wochen dort weg bin, und ich denke täglich an meinen Mann, unser Haus, die Gegend, in der ich wohnte, und alles, was mein Leben dort ausgemacht hat. Ich habe großes Heimweh!

Ich bin damals mit unserer kleinen Tochter Lea weg, die noch ein Säugling war, und zwar wegen der ständigen Probleme mit meiner Schwiegermutter. Sie lebte mit uns zusammen auf dem großen Hof, den mein Mann von seinen Eltern übernommen hatte. Ich wollte mit meinem Ausbruch ein Zeichen setzen, dass es so nicht weitergehen kann. Ich hatte nicht vor, mich scheiden zu lassen, und wollte auf jeden Fall zurückkehren. Das hatte ich meinem Mann allerdings nicht gesagt, sondern ihm nur mitgeteilt, dass ich wegen seiner Mutter gehe, weil ich ihre Kälte und ihre ständige Kritik an mir nicht mehr ertragen kann.

Mein Mann denkt deshalb heute Schlimmes von mir, nämlich dass ich die Scheidung klar und hinterlistig geplant hätte und eine Heiratsschwindlerin sei. Aus diesem Grund kämpft er nun mit allen Mitteln gegen mich, und ich kann überhaupt nichts dagegen tun. Ich habe gebettelt, mich ohne Ende erniedrigt und ständig versucht, ihm die Wahrheit, meine wahren Gefühle klarzumachen. Aber er glaubt mir trotzdem nicht.

Seine Geschwister und seine Mutter mischen sich auch massiv in unsere Angelegenheiten ein und tun alles dafür, dass mein Mann mich nicht zurück nach Hause lässt. Schließlich geht es um einen großen Bauernhof, um den Ruf, die Familienehre … Es geht im Grunde darum, dass er – und vor allem seine Familie! – sich von mir verletzt fühlt, aber es geht nicht um Menschlichkeit, um Liebe und um das Verständnis, dass unser Kind doch uns beide braucht, die Mutter und den Vater.

Inzwischen weiß ich nicht mehr weiter. Mein Mann versucht zu allem Überfluss seit einigen Monaten, mir unsere Tochter wegzunehmen und die Ehe annullieren zu lassen. Er versucht, mich psychisch kaputt zu machen, damit er mich für immer los ist. Das ist aber nicht der Mann, den ich geheiratet habe, denn damals war er der liebste und weichste Mann, den man sich vorstellen kann. Ich versteh das alles nicht.

Alle in seiner Familie sind hoch intelligent – Manager, Professoren, Führungskräfte, Handwerksmeister –, und es existiert eine Familienchronik, die bis ins Mittelalter zurückreicht, wo es sogar Ritter gab. Die Familientraditionen werden sehr gepflegt, und die Kinder hängen alle sehr an ihrem Elternhaus. Das bedeutet auch: Alles muss so bleiben, wie es immer war! Verziehen wird einem da nichts. Und mit meiner Schwiegermutter war es wirklich schwer auszuhalten. Sie war mir gegenüber immer kühl und dominant, ich fühlte mich überhaupt nicht willkommen in der Familie. Wie die Ehefrauen der Brüder meines Mannes das aushalten, ist mir bis heute ein Rätsel. Ich denke, sie verleugnen sich selbst ein Stück weit, denn bei meiner Schwiegermutter gibt es nur Schwarz oder Weiß, Freund oder Feind. Wer ihr nicht zu Füßen liegt, ist gegen sie. Wobei ich sagen muss, dass meine Schwägerinnen es leichter hatten, denn sie lebten ja nicht mit meiner Schwiegermutter im selben Haus.

Trotz allem, was vorgefallen ist, ist mein Mann das Liebste und das Wichtigste in meinem Leben, sogar noch vor unserer Tochter. Es ist mir so wichtig, was er von mir denkt. Heute weiß ich, dass es der schlimmste Fehler meines Lebens war, auf diese Art ein Zeichen setzen zu wollen. Jetzt ist unsere Tochter ein Trennungskind. Mit der ganzen Katastrophe, die mein Verhalten nach sich zog, kann ich mich einfach nicht abfinden, weil ich meinen Mann so sehr liebe. Ich habe seit meinem Weggang stark abgenommen, leide unter Ängsten und Schlafstörungen, lebe von Arbeitslosenhilfe und habe wenig Selbstachtung. Gern hätte ich eine engere Beziehung zu meiner Tochter. Durch den ganzen Schmerz und das Heimweh habe ich das bisher noch nicht gut genug hinbekommen.

Mein Mann ist hingegen das blühende Leben. Er ist gesund, ist gerade 40 Jahre alt geworden, sieht besser aus denn je und ist jetzt ein »richtiger« Mann. Ich habe Angst, dass er mittlerweile eine andere Frau hat, auch weil er so gut aussieht und weil ich ihm so egal bin. Ich selbst bin 33 und nicht unattraktiv, aber weit davon entfernt, wie das blühende Leben auszusehen.

Ich will mich selbst nicht aufgeben, aber an manchen Tagen, weiß ich einfach nicht mehr, was ich tun soll. Der Schmerz lässt nicht nach. Je länger ich weg bin, desto größer wird mein Heimweh.«

Die Geschichte von Verena und Benjamin

Verena ist 19 Jahre alt, als sie die 13. Klasse des Gymnasiums in Euskirchen besucht. Auf einer »School's Out«-Party lernt sie Benjamin kennen. Es funkt gewaltig und zwei Wochen später sind die beiden ein Paar. Nachdem sie die Abiturprüfungen hinter sich gebracht haben, liegen noch einige Monate vor ihnen, bis Verena ihre Ausbildung zur Arzthelferin und Benjamin sein Informatikstudium beginnt. So haben sie viel Zeit miteinander, um die neue Liebe in vollen Zügen auszuleben.

Von Anfang an trägt Benjamin seine neue Freundin auf Händen: Ist sie krank, kümmert er sich liebevoll um sie, hat sie einen Wunsch, tut er sein Bestes, um ihn zu erfüllen. Verena genießt diese Aufmerksamkeit sehr, sind doch in ihrer Familie Fürsorglichkeit und Wertschätzung eher Fremdwörter.

Zu Beginn ihrer Ausbildung bezieht Verena eine kleine moderne Wohnung in der Nähe der Innenstadt, während Benjamin weiterhin bei seinen Eltern wohnt. Als Verena im zweiten Jahr der Ausbildung einen schweren Reitunfall erleidet und für mehrere Wochen ans Krankenhausbett gefesselt ist, steht Benjamin ihr unglaublich aufopfernd zur Seite. Als sie nach der Entlassung aus dem Krankenhaus zunächst noch im Rollstuhl sitzen und jeden zweiten Tag zur Krankengymnastik gebracht werden muss, beantragt er sogar ein Urlaubssemester, um sich Tag und Nacht um die kranke Freundin kümmern zu können. Dass Verena bereits nach sechs Monaten Unterbrechung mit ihrer Ausbildung weitermachen kann, verdankt sie zum großen Teil der guten Pflege ihres Freundes, der nicht nur morgens und abends absolut diszipliniert die nötigen Übungen mit ihr macht, sondern sie auch psychisch immer wieder aufbaut und ihr gut zuredet.

Ein Jahr später schließt Verena ihre Ausbildung ab und findet eine Anstellung bei einem Orthopäden im Ort. Kurze Zeit später beendet auch Benjamin seine Bachelorarbeit und kann in einem kleinen EDV-Betrieb rund 50 Kilometer von Euskirchen entfernt als Netzwerkadministrator anfangen. Um nicht jeden Tag die weite Strecke hin- und zurückfahren zu müssen, zieht er aus dem Elternhaus aus und mietet sich eine kleine, etwas düstere Souterrainwohnung am Ortsrand.

Obwohl sich äußerlich alles wunderbar entwickelt, kommt es in dieser Zeit zwischen Benjamin und Verena zu einer ersten ernsthaften Krise. Der Grund dafür liegt in erster Linie in Verenas grundsätzlicher Unzufriedenheit. Der neue Job langweilt sie, kaum dass sie neun Monate dort ist, und auch in anderen Bereichen nörgelt sie neuerdings ständig herum: Benjamins Wohnung sei muffig und ungemütlich, da halte man es ja kaum aus. Und überhaupt seien sie schon wie ein altes Ehepaar miteinander, das könne so nicht weitergehen.

Häufig muss Benjamin nun ihre schlechte Laune auffangen, immer wieder fragt er sie, was sie sich wünscht und wie sie sich ihr gemeinsames Leben vorstellt. Da sie beruflich neue Herausforderungen sucht, ermutigt er sie, ein Biologiestudium in Aachen zu beginnen. Zunächst macht ihr das Lernen Spaß und sie blüht sichtlich auf, auch weil sie so viele neue Freunde kennenlernt. Doch mit der Zeit überfordert das Studium sie immer mehr, bis sie es nach dem sechsten Semester schließlich abbricht.

Nun kämpft sie allerdings mit Existenzängsten und mangelndem Selbstvertrauen. Wieder ist Benjamin in dieser schwierigen Zeit zur Stelle. Er bittet seinen Chef um unbezahlten Urlaub, damit er ganz für seine Freundin da sein kann.

Verena fühlt sich in dieser Zeit wie in einem reißenden Fluss, in dem sie permanent hin- und hergewirbelt wird, ohne dass sie die Kontrolle darüber hat. Ihr Freund bemüht sich redlich, sie immer wieder aufzubauen. Nach vier Monaten fängt sie sich schließlich wieder einigermaßen und findet einen neuen Job bei einer Krankenversicherung. Dennoch hat sie manchmal noch mit unberechenbaren Launen zu kämpfen, die sie kaum unter Kontrolle halten kann. Eines Tages ärgert sie sich so sehr über ihren Chef, dass sie ihn vor der halben Belegschaft anschnauzt, er könne seinen Kram auch gern alleine machen. – Postwendend hat sie daraufhin die fristlose Kündigung auf dem Schreibtisch.

Ein weiteres Mal ist Benjamin in dieser Situation der Retter in der Not: Er bittet um ein Gespräch bei Verenas Chef und wirbt um Verständnis. Verena habe eine schwierige Zeit hinter sich und sei im Grunde auf einem sehr guten Weg, ihre Probleme zu überwinden. Nach dem einstündigen Gespräch lässt der Chef sich schließlich überzeugen und gibt ihr eine zweite Chance, die Verena dankend annimmt, nachdem sie selbst sich offiziell für ihr Verhalten entschuldigt hat.

Da er inzwischen viel von zu Hause arbeiten kann, beschließt Benjamin, zu Verena zu ziehen, um noch mehr Stabilität in ihr Leben zu bringen und sie besser unterstützen zu können. Eine besondere Überraschung denkt er sich dann zum achtjährigen Jubiläum der Beziehung aus: Er mietet ein kleines Häuschen am Stadtrand, in das sie gemeinsam einziehen. Anschließend beginnt er damit, das Haus abends und an den Wochenenden komplett nach Verenas Vorstellungen umzubauen und einzurichten. Als sie schließlich auch noch zusammen ins Tierheim fahren und dort einen kleinen Beagle für Verena aussuchen, hat Verena ihre Lebensfreude endgültig zurückgewonnen.

Beflügelt von ihrem neuen Glück, sprüht Verena vor Ideen und nimmt sich vor, ihr Leben vollkommen umzukrempeln. Sie macht sich selbstständig und verwirklicht sich damit einen Jugendtraum: Über das Internet vertreibt sie erfolgreich Kosmetika aller Art, während Benjamin sich um die dafür benötigte Software kümmert. Die Produkte kauft Verena günstig über einen Großhändler in den Niederlanden, und so wird das Geschäft nach einer kurzen Anlaufphase schnell recht profitabel. Ihren Job bei der Krankenversicherung kann sie nun endgültig kündigen und sich ganz auf ihre Selbstständigkeit konzentrieren. Benjamin unterstützt sie tatkräftig bei der Verwaltung des wachsenden Kundenstammes und übernimmt die Programmierung des Online-Shops.

Als das Geschäft brummt, wird jedoch plötzlich klar, dass es Unregelmäßigkeiten beim Einkauf der Produkte gab, und Verena steht nach nur zwölf Monaten eine Steuernachzahlung von über 70.000 Euro bevor. Nachdem die vergangenen Monate so fantastisch für Verena und Benjamin liefen, droht Verena aufgrund dieser Situation, in ihre alten Muster zurückzufallen: Sie fühlt sich überfordert und reagiert höchst aggressiv.

Während Benjamin versucht, die Situation mit einem kühlen Kopf und mit der Hilfe eines Steuerberaters und einer Schuldnerberatung zu lösen, will Verena am liebsten den Kopf in den Sand stecken und flüchten. Letzteres tut sie dann auch, indem sie regelmäßig mit Freundinnen zum Tanzen ausgeht und am nächsten Tag bis mittags im Bett bleibt. An einem dieser Tanzabende kommt es schließlich zu einem folgenschweren »Zwischenfall«: Verena lernt Tim kennen, einen jungen Unternehmensberater, in den sie sich Hals über Kopf verliebt. Vier Wochen später lässt sie ihren Freund mit Haus und Hund sitzen und zieht zu Tim nach Düsseldorf. Benjamin versteht die Welt nicht mehr, hatte er doch alles, aber wirklich alles, was in seiner Macht stand, nur für Verenas Glück getan. Und jetzt, wo es ihm einmal schlecht geht, ist sie nicht da, um sich um ihn zu kümmern.

Doch was in ihrer gemeinsamen Geschichte zunächst wie das letzte Kapitel scheint, ist keineswegs das Ende. Kurz nach ihrem Umzug nach Düsseldorf wird Verena schwanger – und weiß gleichzeitig, dass Tim nicht der Richtige für sie ist. Erst nachdem sie Benjamin verlassen hatte, wird ihr klar, wie viel er und die Beziehung zu ihm ihr bedeuten. Tim ist ein netter Kerl, aber das Leben mit ihm ist in keiner Weise mit dem zu vergleichen, das sie mit Benjamin hatte, der sie immer auf Händen getragen und ihr jeden Wunsch von den Augen abgelesen hatte, ohne dass sie es ihm jemals angemessen gedankt hat.

Im letzten Moment entscheidet sie sich für einen Schwangerschaftsabbruch, der kurz vor Weihnachten in der elften Woche durchgeführt wird. Als Benjamin über eine gemeinsame Freundin davon erfährt, schickt er ihr einen rührenden Brief: »Ich bin sicher, dass du für dich die richtige Entscheidung getroffen hast, auch wenn sie dir sicher schwergefallen ist. Ich wünsche dir nur das Allerbeste für die Zukunft. Und wenn du mich brauchst, sollst du wissen, dass ich immer für dich da bin.«

Für Verena ist dieser Brief ein letzter Strohhalm, an den sie ihre ganze Hoffnung hängt: Vielleicht gibt es für sie und Benjamin noch eine Chance, wieder zueinanderzufinden. Doch noch schämt sie sich zu sehr, ihn anzurufen und um ein Treffen zu bitten – so rücksichtslos, wie sie ihn in den letzten Monaten behandelt hatte …

Nachdem sie die vergangenen neun Weihnachtsfeste immer mit Benjamin und seiner Familie verbracht hat, weiß sie in diesem Jahr nicht, wo sie hingehen soll. Zu ihrer eigenen Familie hat sie mittlerweile kaum noch Kontakt und eine Freundin will sie nicht fragen. So verbringt sie die Feiertage ganz allein in einem Hotel, um endlich einmal zu sich zu finden und für sich zu klären, wohin ihr Leben überhaupt gehen soll.

In der ersten Januarwoche wendet sie sich mit der Bitte um Unterstützung an mich. Behutsam baut sie dann den Kontakt zu Benjamin wieder auf, der ihr gesteht, dass er zwar auf einer Silvesterparty eine Frau kennengelernt und mit ihr etwas angefangen habe, jedoch immer noch Verena liebt.

Beiden ist klar, dass sie ihr gemeinsames Leben nicht einfach am selben Punkt wieder aufnehmen können, an dem sie aufgehört hatten. Nur wenn sie grundsätzlich an der Struktur ihrer Beziehung etwas verändern, werden sie langfristig miteinander glücklich sein können. Gemeinsam arbeiten sie in meiner Praxis intensiv daran, die eigenen Wünsche und Erwartungen an sich selbst, an den anderen und an die gemeinsame Zukunft zu formulieren, aufzuschreiben und Kompromisse miteinander auszuhandeln.

Verena hat verstanden, dass sie endlich die Verantwortung für ihr eigenes Leben übernehmen muss. Benjamin will lernen, mehr auf seine eigenen Wünsche und Ziele zu achten, anstatt nur dafür zu leben, Verena glücklich zu machen.

Aus den vielen Herausforderungen, die sie in den vergangenen Jahren gemeinsam gemeistert haben, können die beiden sehr viel Stärke schöpfen. Heute ist Verena im siebten Monat schwanger. Ich bin sicher, auch die Aufgabe, ihre Beziehung mit einem Kind neu zu gestalten, werden sie bewältigen.

Wie Sie diese Liebeskummerfalle umgehen können

Bleiben Sie im Dialog miteinander

Wenn wir lange mit einem Partner zusammenleben, neigen wir dazu, alles, was der andere für uns tut, als selbstverständlich zu nehmen. So entstehen unausgesprochene Erwartungen, die häufig stillschweigend erfüllt werden, ohne dass darüber ein Wort der Anerkennung verloren wird. Doch je weniger wir uns über unsere Gefühle, unsere Wünsche und Ziele austauschen, desto mehr Missverständnisse entstehen. Manchmal geht es sogar soweit, dass ein Partner meint, er tue dem anderen mit seinem Verhalten einen Gefallen, während der andere gerade über dieses Verhalten insgeheim genervt ist. Gegen solche Strukturen hilft nur eins: miteinander reden! Machen Sie sich immer wieder aufs Neue klar, dass Ihr Partner Ihnen Ihre Wünsche nicht von den Augen ablesen kann. Leider kommt diese Erkenntnis oft zu spät. Je früher Sie also mit dem Reden anfangen, desto besser stehen die Chancen für Ihre Beziehung.

Entdecken Sie die Vorzüge der Langsamkeit

Unser Alltag ist in vielerlei Hinsicht schnelllebiger geworden, als er beispielsweise noch in der Generation unserer Eltern war. Kleidung wird nur noch für eine oder zwei Saisons gekauft, Briefe brauchen nur Sekunden zur Übermittlung, das Konsumangebot um uns herum ist überwältigend – und auch die Partner werden da schon mal mir nichts dir nichts ausgetauscht, weil gerade jemand anderes ins Blickfeld gerät. Wirklich glücklich macht die meisten Menschen eine solche »Wegwerf«-Mentalität jedoch nicht. Wer beim kleinsten Problem immer gleich die Flinte ins Korn wirft, wird niemals das Glück langjähriger Vertrautheit und schöner gemeinsamer Erinnerungen erfahren. Wenn Sie in einer Krise trotz allem am Ball bleiben und versuchen, die Probleme gemeinsam mit Ihrem Partner zu lösen, werden Sie vielleicht feststellen, dass Sie gestärkt aus dieser Situation herausgehen werden.

Dass Menschen den Fokus manchmal nur auf die negativen Aspekte der Partnerschaft legen, ist lediglich die eine Seite der Medaille. In meiner Praxis habe ich auch den umgekehrten Fall kennengelernt: Menschen, die bedingungslos an einer Beziehung festhalten, weil sie sich in der Verantwortung fühlen, weil sie ein Versprechen gegeben haben oder weil sie es als Versagen empfinden würden, wenn die Beziehung scheitert. Da kann die seelische Not noch so groß sein – der Ausweg Trennung ist für diese Menschen keine Option. Ein solches Verhalten ist jedoch in höchstem Maße selbstzerstörerisch. Wer nur aus Pflichtgefühl an einer Partnerschaft festhält, wird über kurz oder lang krank, entweder psychisch oder körperlich.

Einer meiner Klienten ist mit seiner Partnerin kreuzunglücklich. Er hat jedoch schon zwei Ehen hinter sich und ist der Meinung, er habe jedes Mal zu früh das Handtuch geworfen. Seiner Ansicht nach dürfe ihm das kein drittes Mal passieren, deshalb setzt er alles daran, die jetzige Ehe zu retten, obwohl da kaum noch etwas zu retten ist. Das ist im wahrsten Sinne des Wortes vergebene Liebesmüh …

Teil II
Die Liebe lebendig halten

So halten Sie Ihre Fernbeziehung lebendig

Das rät die Liebeskummer-Expertin

Sehr häufig klagen Klienten, die seit längerem eine Fernbeziehung führen, in meiner Praxis darüber, dass die wenige Zeit, die sie mit ihrem Partner oder ihrer Partnerin haben, nicht so harmonisch verläuft, wie sie es sich wünschen. Der Grund dafür – und das kenne ich aus eigener leidvoller Erfahrung – liegt meist darin, dass mindestens ein Partner zunächst »fremdelt«, wenn man sich nach einer oder sogar zwei sehnsuchtsvollen Arbeitswochen endlich wiedersieht. Während man sich über einen quälend langen Zeitraum so sehr aufeinander gefreut hat, haben sich unbewusst auch Erwartungen an den Partner aufgestaut, die man dem anderen gegenüber jedoch meist nicht ausspricht. Und wenn es dann endlich soweit ist, dass man sich von Angesicht zu Angesicht gegenübersteht, sind plötzlich die Romantik, die Vertrautheit, die Sicherheit miteinander weg.

So verläuft ein Wochenende oft nach folgendem Schema: Ein Partner kommt am Freitagabend nach einer anstrengenden Woche und der nicht minder anstrengenden Fahrt beim anderen an. Man freut sich, findet aber den ganzen Abend lang nicht so recht zueinander. Der reisende Partner denkt dann spätabends im Bett nicht selten: »Was mache ich hier überhaupt? Warum bin ich nicht zu Hause geblieben und auf die Geburtstagsfeier meiner besten Freundin/meines Freundes gegangen? Wieso nehme ich den ganzen Stress überhaupt auf mich, wenn wir uns im Grunde sowieso nicht verstehen.«

Ab Samstagmittag hat man sich endlich wieder aufeinander eingestellt und verbringt bis Sonntagvormittag eine schöne Zeit miteinander. Aber schon nach dem ausgedehnten Sonntagsfrühstück geht die Stimmung wieder bergab, weil die Abreise am späten Nachmittag wie ein dunkler Schatten über allem hängt. Am Sonntagabend kehren schließlich beide in ihre leeren Wohnungen zurück. Einer kommt in eine unbeheizte Bude, in der meist auch der Kühlschrank leer ist (denn man würde ja das ganze Wochenende nicht da sein), und fällt in das Loch des Alleinseins. Der andere geht zurück in das »verlassene« Liebesnest, in dem noch die letzten Anzeichen der Leidenschaft zu sehen sind, die noch wenige Stunden zuvor die Atmosphäre bestimmt hat.

Viele meiner Klientinnen fangen dann erst mal an, die Wohnung zu putzen, die Handtücher zu waschen und das Bett neu zu beziehen. Sie tun das nicht etwa, weil sie sich ekeln würden, sondern weil sie ihre Wohnung als ihr eigenes Territorium zurückerobern wollen. Sonst wäre die Wartezeit, die nun wieder anbricht, für sie überhaupt nicht auszuhalten.

Emotional befindet man sich in einer Fernbeziehung permanent in einem Wechselbad zwischen heiß und kalt. Das ist für beide Partner nach einiger Zeit meist extrem belastend. Viele Menschen, die eine Fernbeziehung führen, haben das Gefühl, »irgendwie dazwischenzuhängen«. Sie sind nicht richtig mit dem Partner zusammen, weil er nur so selten da ist, und sie sind nicht richtig allein, denn ihr Leben ist doch so sehr auf die Partnerschaft fokussiert, dass sie versuchen, alle anderen Termine mit Freunden und der Familie um die Fernbeziehung herum zu platzieren.

Zu meistern ist eine solche Herausforderung nur, wenn man zu einem frühen Zeitpunkt in der Beziehung verbindliche gemeinsame Ziele oder Meilensteine formuliert. Erfahrungsgemäß ist der belastende Aspekt einer Fernbeziehung dann leichter zu ertragen.

Solche Meilensteine könnten sein:

● Wir probieren jetzt ein Jahr lang aus, wie es uns mit der Partnerschaft auf Distanz geht, und formulieren dann einen neuen Meilenstein oder ein neues Ziel.
● Wenn wir uns in sechs Monaten immer noch so gut verstehen, einigen wir uns auf eine Stadt und suchen dort innerhalb von weiteren sechs Monaten eine gemeinsame Wohnung.
● Wenn wir uns in sechs Monaten immer noch so gut verstehen, versuchen wir, beruflich eine andere Lösung zu finden, damit wir uns häufiger sehen und mehr Alltag miteinander teilen

können. Das könnte etwa beinhalten, dass Sie und/oder Ihr Partner die Arbeitszeit reduzieren oder dass einer von beiden über Möglichkeiten nachdenkt, auch mal vom Wohnort des anderen aus zu arbeiten etc.

● Wir verbringen mindestens zweimal im Jahr längere Urlaube gemeinsam – und zwar nicht im großen Freundeskreis, sondern zu zweit oder in kleiner Runde.

Dass viele Paare den Zeitpunkt für ein Gespräch verpassen, in dem solche Meilensteine festgelegt werden, ist nicht zuletzt der oben beschriebenen Struktur geschuldet. Denn wenn die Situation zwischen den Partnern ohnehin schon angespannt ist, will man meistens nicht noch zusätzlich mit »Problem-Gesprächen« kommen. Auch soll die wenige schöne Zeit, die man zusammen hat, nicht mit solchen »ernsten Themen« kaputt gemacht werden.

Doch so schwer es Ihnen erscheinen mag, den richtigen Moment für eine klärende Aussprache zu finden – sie kann die entscheidende Weiche für die Zukunft stellen. »Dümpelt« die Beziehung nur noch ziellos dahin, ist das Ende der Partnerschaft vorprogrammiert. »Das brachte nichts mehr«, »Das war einfach zu anstrengend« oder »Mein Partner hat jemand anders kennengelernt«, sind dann die häufigsten Begründungen, die ich in meiner Praxis für das Scheitern der Beziehung zu hören bekomme.

Oft sind es in solchen Konstellationen die Männer, die die Verbindung schließlich beenden, und zwar nicht, weil sie die Partnerin weniger lieben, sondern weil sie oft schlechter in der Lage bzw. weniger bereit sind, allein zu sein. Anfangs stürzen sie sich in der Woche vielleicht noch hoch motiviert in die Arbeit oder treiben exzessiv Sport, um für die neue Partnerin attraktiv zu sein. Dann lässt die erste Euphorie etwas nach und sie finden sich unangenehm häufig allein auf dem heimischen Sofa wieder. Weil sie das auf die Dauer aber nicht zufriedenstellt, beginnen sie, mit Freunden und Bekannten auszugehen – und wie schnell kann es dann passieren, dass ihnen eine sympathische, gut aussehende Frau über den Weg läuft, die nur allzu gern bereit ist, den armen einsamen Wolf zu trösten …

In dieser Phase haben übrigens viele Männer noch gar nicht vor, sich von ihrer Partnerin zu trennen. Aber gern nehmen sie die Gelegenheit wahr und klagen der Geliebten gegenüber darüber, wie anstrengend es mit der Freundin am Wochenende wieder war … Und tatsächlich verhält die feste Partnerin sich neuerdings irgendwie anders, sie beginnt zu klammern, denn intuitiv spürt sie bereits, dass irgendetwas nicht in Ordnung ist, ohne zu wissen, was. So treibt sich die Dynamik quasi von selbst weiter an, bis die Situation irgendwann eskaliert und die Trennung kommt.

Die Konsequenz, die viele Menschen daraus ziehen, ist, dass sie sich anschließend nicht wieder auf eine Fernbeziehung einlassen – und seien sie noch so verliebt. Sie haben Angst, ihnen könne wieder dasselbe Schicksal blühen: Viel Energie in die Partnerschaft investiert, und am Ende steht man doch alleine da.

Aus meiner Sicht ist das jedoch nicht die beste Lösung. Stattdessen wäre es nun an der Zeit, seine Hausaufgaben zu erledigen und die Dinge diesmal etwas anders anzugehen.

Das bedeutet:

- Legen Sie zu einem frühen Zeitpunkt gemeinsame Ziele fest, und zwar nicht erst, wenn sich bereits eine Krise anbahnt, sondern dann, wenn es Ihnen noch gut miteinander geht.
- Räumen Sie Ihrem Partner in Ihrer Wohnung einen eigenen Bereich ein, an dem er einige seiner Sachen deponieren kann, damit er sich bei Ihnen auch ein wenig zu Hause fühlt und nicht immer nur als Gast.
- Aus eigener Erfahrung und der Erfahrung, die meine Klienten mit mir geteilt haben, rate ich Ihnen unbedingt, es nicht zur Regel zu machen, jeden Tag miteinander zu telefonieren. Legen Sie gemeinsam Telefontermine fest, zum Beispiel alle zwei oder alle drei Tage. Aber werden Sie dabei nicht zu dogmatisch. Wenn Ihr Partner Ihnen vielleicht ausnahmsweise mal ankündigt, dass er den nächsten Termin nicht einhalten kann, und gute Gründe dafür hat, sollte das auch in Ordnung sein. Feste Telefontermine schützen Sie aber davor, dass Sie ständig mit dem Gedanken beschäftigt sind, dass Ihr Partner ja anrufen *könnte* und Sie womöglich nicht zu Hause sind oder

Ihr Handy ausgestellt haben, weil Sie im Kino sitzen. Außerdem hat das Festlegen von festen Zeiten für gemeinsame Telefonate auch den Nebeneffekt, dass die Erwartungen, die Sie in diesem Punkt aneinander haben, ausgesprochen werden. So müssen Sie nicht permanent auf einen Anruf vom anderen warten, wenn er Ihnen doch gesagt hat, dass es ihm reicht, zweimal pro Woche zu telefonieren.

- Kleine Geschenke erhalten bekanntlich nicht nur die Freundschaft, sondern auch die Liebe. Wenn Sie sich auch zwischendurch mal eine besondere Freude machen, stärkt das das Zusammengehörigkeitsgefühl und drückt dem Partner gegenüber besondere Wertschätzung aus.

- Und ganz wichtig: Halten Sie den Kontakt zu Ihrem Freundeskreis und lassen Sie auch Ihrem Partner diesen Freiraum. Wenn der beste Freund Ihres Partners Geburtstag hat und am Wochenende feiert, sollten Sie entweder anbieten, mit ihm gemeinsam dorthin zu gehen oder ggf. auf das gemeinsame Wochenende verzichten, damit wenigstens er hingehen kann. Um ein Stück Normalität in die Beziehung zu bringen, ist es auch ratsam, dass Sie sowohl die Familie als auch den Freundeskreis Ihres Partners kennenlernen und umgekehrt. Wenn Sie die gemeinsame Zeit immer nur zu zweit verbringen, schaffen Sie quasi einen künstliches Vakuum, in dem Sie nach einer Weile womöglich buchstäblich keine Luft mehr zum Atmen haben. Nehmen Sie Unternehmungen im Freundeskreis auch als Möglichkeit wahr, Ihren Partner von einer anderen Seite kennenzulernen. Den Kontakt zu den eigenen Freunden weiter zu pflegen schützt Sie auch davor, ganz allein dazustehen, falls die Beziehung doch scheitern oder auch nur einmal in eine ganz normale Krise geraten sollte. Obwohl Sie sich das am Anfang vielleicht nicht vorstellen können, werden Sie sich selbst am Ende dankbar sein, wenn Sie diesen Rat befolgen.

- Der zuletzt ausgeführte Punkt bringt es auch mit sich, dass Sie darauf achten sollten, dass beide Partner regelmäßig zum anderen Partner reisen. Wenn immer nur einer zum anderen kommt (häufig der Mann zur Frau, weil sie die gemütlichere oder gepflegtere Wohnung hat), wird der ständig reisende

Partner seinen eigenen Freundeskreis zwangsläufig vernachlässigen, während der andere diesen Freundeskreis nie zu Gesicht bekommt.

- Planen Sie Ihren Urlaub gemeinsam. Wenn Sie auch einmal längere Zeit am Stück miteinander verbringen, lernen Sie sich zum einen besser kennen und haben zum anderen die Möglichkeit, gemeinsam neue Freunde kennenzulernen, was das Zusammengehörigkeitsgefühl ebenfalls stärkt.

Ein weiterer Aspekt, der in vielen Fernbeziehungen zum Problem wird, ist das Thema Eifersucht. Prinzipiell ist Eifersucht häufig ein Problem von Menschen mit wenig Selbstbewusstsein. Sie fühlen sich nicht sicher in der Beziehung und reagieren darauf mit überzogenen Besitzansprüchen. In Fernbeziehungen finden sich allerdings häufig auch Menschen in der Eifersuchtsfalle wieder, die sonst nicht unbedingt der eifersüchtige Typ sind. Denn eine Fernbeziehung zu führen heißt auch, wesentlich weniger Kontrolle über den anderen zu haben, als es in einer »normalen« Beziehung der Fall ist. Wer dann eben keine festen Telefonzeiten festgelegt hat und den anderen mal zwei Abende hintereinander nicht erreichen kann, wird leicht misstrauisch.

Schon fängt die Fragerei an: Wo warst du gestern Abend? Mit wem hast du dich getroffen? Und so weiter … Sind die Zweifel dann noch nicht ausgeräumt, beginnen sehr viele Menschen, beim nächsten Besuch heimlich in den Sachen des anderen zu schnüffeln: Gibt es Anzeichen für einen anderen/eine andere? Briefe, Zahnbürste, SMS, zu viel benutztes Geschirr …?

Ist es erst einmal so weit gekommen, werden interessanterweise 98 Prozent der Menschen, mit denen ich bislang in meiner Praxis zu tun hatte, tatsächlich fündig (das gilt nicht nur für die Konstellation Fernbeziehung). So schlimm es ist, dass Leute sich in der Beziehung auf solche Abwege begeben, dass sie in den Sachen des Partners herumwühlen, so sehr bestätigt es dennoch, dass die meisten von ihnen sich eigentlich auf Ihr Bauchgefühl verlassen können.

Sehr habe ich mich über die Zusage meines Kollegen Herrn Torsten Klatt-Braxein gefreut, dass er bereit ist an diesem Buch mitzuwirken und mit seiner Kompetenz meinen Lesern seine Einschätzung zu den Geschichten preisgibt.

Ich liebe es, meinen Klienten weitere Experten zu unterschiedlichen Beratungsfeldern anbieten zu können. Denn es ist meine feste Überzeugung, dass ein Coach nicht in allen Bereichen der Beratung gleich gut sein kann. Meine Berufung ist unbedingt das Einzelcoaching und so bin ich dankbar meine Klienten an Herrn Klatt-Braxein zu empfehlen, wenn seine Kompetenz gefragt ist, denn als Paar- und Familientherapeut hat er mein ganzes Vertrauen.

Das rät Paartherapeut Torsten Klatt-Braxein

Zusammenleben ist in einer Partnerschaft etwas Freiwilliges. Das bedeutet, dass es in keiner Partnerschaft selbstverständlich ist, dass man die Wohnung miteinander teilt und jede Nacht miteinander im selben Bett schläft. Deshalb ist es aus meiner Sicht das Wichtigste, diesen Punkt zu akzeptieren, wenn man eine Fernbeziehung eingeht.

Manchmal kommt es auch vor, dass man zunächst an einem gemeinsamen Ort und sogar in einer gemeinsamen Wohnung gelebt hat, bis ein Partner – meist aus beruflichen Gründen – in eine andere Stadt zieht. Dann ist es wichtig, dass beide Partner in ihrem Terminkalender Zeit für die verschiedenen Lebensbereiche einplanen. Das heißt, nicht nur Berufliches, sondern auch Privates bekommt im Kalender seinen festen Platz.

Paaren, die in einer solchen Situation zu mir kommen, rate ich in der Regel, dass sie sich an den gemeinsamen Wochenenden nicht nur ganz allgemein Zeit für die Familie nehmen, sondern bewusst auch Termine für bestimmte Bereiche einplanen. Hat ein Paar Kinder, sollte es also zum Beispiel Gesprächszeiten vorsehen, in denen nur Erziehungsfragen miteinander besprochen werden. Außerdem sollten die Partner sich genug Zeit nehmen, die sie nur zu zweit verbringen, ohne die Kinder und ohne Freunde.

Gerade wenn ein Partner den gemeinsamen Wohnort verlässt, weil er woanders beruflich einen wichtigen Karriereschritt gehen kann, besteht die Gefahr, dass der andere sich fühlt, als sei er verlassen worden. Nach meiner Erfahrung ist das häufig die Frau, die sich dann die Woche über um die Kinder kümmert. Oft klagen diese Frauen, dass sie mit ihrer Freizeit plötzlich nichts mehr anzufangen wissen. Für das »Gelingen« der Partnerschaft ist es dann von großer Bedeutung, dass die Person, die am ursprünglichen Wohnort »zurückbleibt«, die neue Situation ebenso gut auch als Chance für sich begreifen und ihren Alltag neu gestalten kann.

Besonders in dieser klassischen Rollenverteilung – Mann bricht auf in die »große weite Welt«, Frau bleibt zu Hause und kümmert sich um Haushalt und Kinder – kann es auch schnell zur Frustration bei der Frau kommen, denn er erntet irgendwo in der Ferne die Lorbeeren, während sie mit dem alltäglichen »Kleinkram« allein gelassen ist und keine Anerkennung von außen erhält. Diese Falle ist nur zu umgehen, indem beide Partner offen darüber reden und formulieren, was sie brauchen, um die Situation für sie so angenehm wie möglich zu gestalten. Vielleicht einigt man sich dann auf eine zeitliche Begrenzung für die räumliche Trennung und schafft sich Möglichkeiten, die Frau in ihrer Entwicklung stärker zu unterstützen.

Abzuwägen ist immer der Wert, den das Getrenntleben für beide Beteiligten mit sich bringt, denn hätte es keine Vorteile, würde man ja nicht getrennt leben. Es kann durchaus auch sein, dass ein Partner für sich die Entscheidung trifft, dass es für ihn besser ist, die Distanz unabhängig von beruflichen oder familiären Verpflichtungen aufrechtzuerhalten, zum Beispiel weil er den Rückzugsraum für sich braucht oder einfach die Woche über gern seine Ruhe haben möchte. Das sollte dann dem Partner gegenüber allerdings klar ausgesprochen werden. Oft erlebe ich es, dass Menschen sich nicht trauen, dem Partner gegenüber so etwas zu sagen, weil sie meinen, sie würden ihn dadurch verletzten oder hätten nicht das Recht, diesen Freiraum für sich in Anspruch zu nehmen. Aus meiner Sicht ist das der falsche Weg, denn Grenzen zu setzen bringt immer Klarheit in die Beziehung und versetzt den anderen in die Lage, dazu einen Standpunkt zu entwickeln.

In den allermeisten Beziehungen betrachten die Partner das Leben an zwei unterschiedlichen Orten jedoch als vorübergehende, außerordentliche Situation. Für diese besondere Situation gilt es, kreative Lösungen und Gestaltungsmöglichkeiten zu entwickeln. Wie auch immer Sie diesen kreativen Raum ausfüllen – seien Sie sich bewusst, dass die Liebe auf Distanz ein sehr guter Test für die Tragfähigkeit der Partnerschaft ist.

Studien des Partnerportals ElitePartner.de besagen, dass ...

- 69,2 Prozent der deutschen Männer und Frauen durchaus bereit wären, eine Fernbeziehung einzugehen;
- 21,5 Prozent schon einmal eine Beziehung mit jemandem eingegangen sind, den sie im Urlaub kennengelernt haben;
- 52,3 Prozent im Urlaub mehr in der Stimmung zum Flirten sind als im Alltag;
- mehr Menschen sich vorstellen können, sich in jemanden zu verlieben, der Hunderte Kilometer weit weg lebt (79 Prozent), als in jemanden, der raucht (69 Prozent).

Quellen: LiebesTrendMonitor 2007 (3.880 Befragte),
Umfrage zum Thema Fernbeziehung (750 Befragte)

Das sagten Klienten der Liebeskummerpraxis im Rahmen einer Umfrage zum Thema »Fernbeziehung«

»Meine letzte Beziehung ist aufgrund der Distanz Berlin – Innsbruck gescheitert.«

»Ich bin zwar am Wochenende sehr gern mit meinem Freund zusammen, gerade weil er als Unternehmensberater in der Woche nicht da ist, aber die Freunde sollten einem auch immer wichtig bleiben, nicht nur, wenn man solo ist!«

»Das Leben an sich hält unsere Partnerschaft lebendig. Da ist zum einen der Raum und das unbedingte Vertrauen, das wir ein-

ander geben: Wir haben zwei Wohnungen (HH u. Köln) und arbeiten uns dadurch nicht (ständig) an den mitunter tödlichen Alltäglichkeiten ab.

Wenn ich über ›Steine‹ stolpere, dann maximal, wenn ich nach Köln komme und die Putzfrau war nicht da ...«

»Fernbeziehung = wie bringe ich Bedürfnisse von sieben Tagen in 48 Stunden unter?

Seit acht Monaten habe ich das, was ich nie wollte, eine Fernbeziehung. Angefangen hat es, nachdem ich meinen heutigen Freund bereits zwei Jahre flüchtig kannte. Er war in meiner Stadt anlässlich einer Party und hatte mich gefragt, ob ich ihn begleiten möchte. Aus einem Mittagessen am See wurde ein Nachmittag auf meinem Balkon und ein sehr alkoholischer Abend auf der besagten Party. Jeder hielt uns für ein Paar und nach dem zehnten Glas Wein habe ich ihn einfach geküsst oder er mich, wir sind uns nicht mehr sicher, wer anfing. Daraufhin haben wir uns die restliche Zeit ununterbrochen geküsst und hatten einen herrlichen Abend.

Am nächsten Tag trafen wir uns noch zu einem Abschiedskaffee, weil er mittags abreisen wollte. Aus dem Abschiedskaffee wurde ein ganzer Tag, der um 22 Uhr in meiner Wohnung endete. Zum Abschied meinte er: ›Wir können so ein Wochenende ja mal wiederholen.‹ Ich war sprachlos, denn ich war mir bis zu dem Zeitpunkt sicher, das war eine einmalige Sache, schließlich kannten wir uns ja bereits seit zwei Jahren, wenn auch nicht richtig. Wahrscheinlich bin ich genau deshalb total unverkrampft an die ganze Sache rangegangen und habe es einfach geschehen lassen, ohne nachzudenken. Das ist normalerweise ganz und gar keine Stärke von mir, und hätte ich nachgedacht, hätte ich mich mit keinem Mann eingelassen, der vier Stunden Zugfahrt von mir entfernt wohnt.

Nach ein paar E-Mails und SMS kam es am nächsten Wochenende zum erneuten Treffen in meiner Stadt, nach drei bis vier Wochen war ich bei ihm und auf der Rückfahrt hatte ich einen schweren Autounfall. Mein Handyakku war gleichzeitig leer, als ich mein Handy wieder einschaltete, hatte ich zig Anrufe von ihm in Abwesenheit. Das hat mich beeindruckt. Ich hingegen hatte mich vor meiner Rückfahrt getraut, ein Herz an seinen Spiegel zu malen. Das hat er dann erst Stunden später bemerkt. Nach zwei bis drei Tagen kam er mich besuchen. Nach diesem Besuch waren wir dann, ohne darüber zu sprechen, ›offiziell‹ zusammen.

Von da an haben wir uns über acht Monate eigentlich jedes Wochenende getroffen, meist in meiner Stadt, weil es eine Großstadt ist und er in einer Kleinstadt wohnt. Hin und wieder waren wir auch in anderen Städten anlässlich von Messen, die wir beide besucht haben: Köln, München, Düsseldorf, Barcelona, Kopenhagen, Bologna. Das waren immer spannende Wochenenden in Hotels und Abende auf tollen Partys oder in schönen Restaurants. Allerdings war die Koordination all der Reisen nicht immer einfach, und sie kosteten neben viel Nerven und Zeit auch Geld.

Am schwierigsten empfinde ich allerdings die Gefühlsschwankungen: Freitags sind wir immer wie neu verliebt, samstags wieder vertraut wie ein ›normales‹ Paar, aber sonntags wache ich regelmäßig mit gemischten Gefühlen auf, denn es ist meistens der Tag des Abschieds. Manchmal habe ich Glück und wir trennen uns erst am Montagmorgen, dann ist es nicht ganz so schlimm. Zumindest ist man dann innerhalb weniger Stunden durch die eigene Arbeit abgelenkt. Ein Sonntagabend allein vorm Fernseher, wo eben noch der Liebste neben einem saß, ist mehr als deprimierend. Montags folgt der ›Single auf Zeit‹-Wochenanfang, das bedeutet Gefühle umschalten auf Knopfdruck. Von ›ein Herz und eine Seele‹ plötzlich auf ›Herz ohne Seele‹, dafür gefüllt mit Sehnsucht und Zweifeln.

Bis Mittwoch früh habe ich mich meist erholt, erstens fällt allen Bekannten ohne Partner ab mittwochs ebenfalls die Decke auf den Kopf und man geht wenigstens gemeinsam Essen oder zum Sport, und zweitens kann man sich mittwochs bereits wieder auf Freitag freuen!

Manchmal gehe ich auch nach einem nervenden Arbeitstag nach Hause und rede mir ein: Gott sei Dank bin ich heute allein, aber wenn ich ehrlich zu mir selbst bin, würde ich auch an so einem Tag lieber nach Hause kommen und meinem Liebsten mein

Leid klagen oder wenigstens das Bett mit ihm teilen. Ich bin der Meinung, niemand ist zum Alleinsein geboren. Auch nach sechs Jahren Single-Dasein vor meiner Beziehung bin ich dieser Meinung, und vielleicht verstärkt sich mein Wunsch nach mehr Nähe gerade deswegen von Monat zu Monat.

Weihnachten kam dann der Umbruch. Wir sind vorm Weihnachtsstress in den Süden geflüchtet, unser erster gemeinsamer Urlaub. Dort trafen allerdings zwei Menschen aufeinander, die ihren Alltag seit Monaten allein meistern und gar nicht so schnell abschalten oder auf Beziehung umschalten konnten. Meine Erwartungen an diese Reise waren hoch, mein Freund war im Geiste noch gar nicht im Urlaub angekommen, da krachte es schon am ersten Abend. Das passierte noch zwei weitere Male und dann stand für mich fest, Fernbeziehungen sind nicht nur eine Beweisprobe für die gemeinsame Liebe, sondern auch für die eigene Toleranz!

Ich bin in diesem Urlaub an meine Grenzen gestoßen, war plötzlich damit konfrontiert, wie es sein könnte, mehr als 48 Stunden voneinander zu haben. Auf der einen Seite war es schön, denn ganz neue Seiten lernte man aneinander kennen, auf der anderen Seite war es auch schwierig, weil wir beide irgendwie doch überfordert waren mit unserer plötzlichen Nähe.

Ich denke, es ist sehr schwer, aus einer Fernbeziehung in eine richtige Partnerschaft zu finden. Ich hoffe, mein Freund und ich finden früh genug in eine Stadt und verpassen nicht den ›richtigen Augenblick‹!«

Mein Partner ist fremdgegangen – gemeinsam die Krise überwinden

Das rät die Liebeskummer-Expertin

Das Thema Fremdgehen ist ganz eng verknüpft mit dem Thema Vertrauen. Häufig ist es so, dass ein Mensch, der selbst nicht zu Seitensprüngen neigt, dem eigenen Partner blind vertraut. Dass der andere sich in fremden Betten amüsieren könnte, gehört gar nicht in seinen Vorstellungshorizont. Wenn eine Affäre oder ein One-Night-Stand dann doch ans Tageslicht kommt, schlagen diese Menschen umso härter in der Realität auf. Sie fühlen sich nicht nur zurückgewiesen und hintergangen, sondern haben zusätzlich damit zu kämpfen, dass ihr Vertrauen missbraucht wurde.

Menschen, die dagegen selbst schon einmal fremdgegangen sind oder die bereits in einer vorherigen Beziehung die Erfahrung gemacht haben, betrogen worden zu sein, sind in der Regel misstrauischer und haben sehr feine Antennen dafür, ob der Partner sich emotional entfernt und womöglich an »verbotenen Früchten nascht«. Trotzdem stellen sie den Partner nicht immer sofort zur Rede, weil sie vielleicht doch unsicher sind und Angst haben, sie könnten ihn zu Unrecht beschuldigen. Oder sie wollen die Tatsache nicht wahrhaben, dass die Beziehung in eine Krise steuert. Viele haben sogar ein schlechtes Gewissen, dass sie ihrem Partner etwas so »Niedriges« zutrauen. Aus meiner Erfahrung gibt die Realität der Intuition in solchen Fällen aber fast immer recht.

So oder so stellt jeder Seitensprung das Vertrauen zwischen beiden Partnern auf eine harte Probe, denn derjenige, der betrogen wurde, *traut* sich anschließend oft nicht mehr, dem anderen wieder zu vertrauen. Selbst wenn der »Betrüger« sich entschuldigt und der »Betrogene« verziehen hat, bedeutet das nicht automatisch, dass das Vertrauen zwischen beiden wiederhergestellt ist. Da kann jedes Zuspätkommen, jeder »verdächtige« Anruf und allein der Name einer neuen Kollegin/eines neuen Kollegen, der zweimal hintereinander fällt, gleich Auslöser für schlimmste Streitigkeiten sein.

Ein neues Vertrauen zu schaffen ist deshalb die wichtigste Aufgabe, wenn die Beziehung weiterhin eine Chance haben soll.

Wie kann man in einer solchen Situation aber neues Vertrauen aufbauen? In erster Linie geht das durch Kommunikation. Beide Partner sollten sich zusammensetzen und offen über ihre Gefühle miteinander sprechen. Wie konnte es überhaupt soweit kommen, dass ein Partner diese Grenze überschritten hat? Was braucht der betrogene Partner, um neues Vertrauen aufzubauen? Was können wir beide tun, damit wir wieder glücklich miteinander sind?

Häufig wird davon ausgegangen, dass jemand seinen Partner nur deshalb betrügt, weil innerhalb der Beziehung Dinge im Argen liegen. Ich kann diese Auffassung nicht bestätigen. Früher, als Frauen noch vorwiegend Heim und Herd hüteten, mag es so gewesen sein. Heute ist die Schwelle zum Fremdgehen jedoch so niedrig, dass allein die Abenteuerlust ausreicht, um sie zu überschreiten. Ob auf der Geschäftsreise, am Arbeitsplatz oder im Internet – die Gelegenheit zum Seitensprung begegnet uns förmlich überall. Da kann man schnell auf die Idee kommen, mal zu schauen, was es »anderswo« so zu erleben gibt.

Doch aus welchem Grund auch immer es dazu kam, dass ein Partner fremdgegangen ist – jetzt geht es darum, in die Zukunft zu denken und daran zu arbeiten, wieder eine gemeinsame Perspektive zu schaffen. Ehrlichkeit ist dabei das höchste Gebot, ohne Ehrlichkeit ist es quasi unmöglich, eine solche Krise wirklich zu überwunden. Das beinhaltet auch, dass offen darüber gesprochen wird, ob beide Partner die Beziehung überhaupt noch aufrechterhalten wollen. Häufig habe ich es nämlich auch erlebt, dass der Seitensprung lediglich als Vorwand diente, um die Beziehung zu beenden. »Du wirst mir ja sowieso nie verzeihen, da können wir uns ja auch gleich trennen«, heißt es dann – und da sollten beim betrogenen Partner schon alle Warnlampen aufleuchten. Allen »Fremdgehern« sei dazu gesagt: Vertrauen aufzubauen ist ein Prozess, der sich nicht übers Knie brechen lässt. Geben Sie Ihrem Partner also ein wenig Zeit und haben Sie Verständnis, wenn es zwischendurch auch mal kleine Rückschläge gibt. Denn der betrogene Partner muss nicht nur das Vertrauen in den betrügenden Partner zurückgewinnen, sondern auch das Vertrauen zu sich selbst – was im Grunde die größte Hürde darstellt. Viele Betrogene fragen sich immer und immer wieder: Wie konnte mir das passieren? Wo war ich mit meiner Aufmerksamkeit, dass ich das nicht (früher) gemerkt habe? Wie schlecht kenne ich meinen Partner, dass ich ihm nicht auf die Schliche gekommen bin? Habe ich mir selbst etwas vorgemacht?

Viele finden für den anderen dann sogar schneller eine Entschuldigung als für sich selbst: »Er/Sie war auf Geschäftsreise und fühlte sich halt einsam«, »Er/Sie wurde verführt«, »Ich hatte so wenig Lust auf Sex, da ist es kein Wunder, dass er/sie sich das woanders geholt hat« …

Ein guter Weg für beide ist, sich Bedenkzeit einzuräumen und dann noch einmal bei Null anzufangen. Sehr anschaulich ist diese Möglichkeit in dem Kinofilm zu der Serie »Sex and the City« dargestellt: Nachdem sie längere Zeit nicht mehr miteinander geschlafen hatten, geht Steve, der Ehemann von Miranda, fremd. Vom schlechten Gewissen geplagt, beichtet er seiner Frau den Seitensprung, woraufhin diese sich zutiefst verletzt sofort von ihm trennt und auszieht. Steve, der Miranda immer noch liebt, lässt jedoch nicht locker und versucht, die Liebe seiner Frau mit allen Mitteln zurückzugewinnen. Schließlich erklärt sich Miranda bereit, gemeinsam eine Paartherapeutin aufzusuchen. Diese rät ihnen Folgendes: Sie sollen sich ab sofort vier Wochen lang nicht sehen und sich beide überlegen, ob sie die Beziehung zum anderen noch wollen oder nicht. Wer die Beziehung möchte, soll dann an einem bestimmten Datum zu einer bestimmten Uhrzeit auf die Brooklyn Bridge kommen. Wenn beide dort erscheinen, wird nicht mehr auf das zurückgeschaut, was war, sondern in eine gemeinsame Zukunft geblickt, in der keiner dem anderen mehr wegen des Betrugs Vorwürfe macht – ein Startschuss in ein neues gemeinsames Leben.

In meiner Praxis höre ich allerdings auch immer wieder den Satz: »Ich kann nicht monogam sein. Mir wird so etwas immer wieder passieren, das weiß ich jetzt schon. Das hat nichts mit dem Herzen zu tun, sondern nur mit meinem Körper.« Wenn Sie zu diesen Menschen gehören, sollten Sie das Thema zu einem frühen Zeitpunkt in der Partnerschaft offen auf den Tisch bringen –

und zwar noch bevor das erste »Malheur« passiert ist. Meistens realisiert man den Zeitpunkt sehr genau, wenn ein Verhältnis vom ersten Verliebtsein in eine feste Partnerschaft übergeht. Dann ist es an der Zeit, das Thema Treue anzusprechen. Zu sagen »Ich weiß aus der Erfahrung meiner letzten Beziehungen, dass ich niemand bin, der treu sein kann«, gibt dem Gegenüber die Chance, damit umzugehen und Ihre Lebensweise zu akzeptieren oder nicht. Es gilt dann, entweder einen Kompromiss zu finden, mit dem beide Seiten leben können, oder im Zweifelsfall getrennte Wege zu gehen.

Ich kenne sowohl Paare, die den Weg einer eher offenen Partnerschaft seit Jahren erfolgreich gehen, wie auch Fälle, in denen die Partnerschaft innerhalb kürzester Zeit daran zerbrochen ist. Gerade letztere Möglichkeit hält viele potenzielle Fremdgeher davon ab, ein solches klärendes Gespräch zu initiieren. So mancher denkt dann: Vielleicht wird es diesmal anders sein – obwohl er im Hinterkopf schon weiß, dass er sich etwas vormacht. Verantwortungsvoll ist so ein Verhalten nicht – und auch nicht respektvoll dem Partner gegenüber.

Hier noch einmal die wichtigsten Tipps in Kürze:

- Vertrauen Sie auf Ihr Bauchgefühl und suchen Sie das Gespräch mit Ihrem Partner, wenn Sie den Eindruck haben, er entfernt sich von Ihnen und es könnte jemand anderes im Spiel sein. Aber bombardieren Sie ihn nicht gleich mit Vorwürfen, sondern versuchen Sie konstruktiv mit der Situation umzugehen.
- Eine offene Kommunikationskultur ist der beste Garant für eine glückliche Partnerschaft – das gilt auch, wenn ein Partner fremdgegangen ist.
- Können Sie die Krise durch Gespräche nicht überwinden, geben Sie sich eine Bedenkzeit, die beiden Seiten angemessen erscheint, in der Sie sich nicht sehen. Jeder von Ihnen sollte in dieser Zeit für sich entscheiden, ob er die Beziehung weiterführen möchte oder nicht. Wollen beide zusammenbleiben, beginnen Sie am Punkt Null: Lassen Sie das, was war, hinter sich und konzentrieren Sie sich auf eine gemeinsame Zukunft.

- Wenn Sie selbst fremdgegangen sind, haben Sie Verständnis dafür, wenn Ihr Partner Zeit braucht, um das Vertrauen zu Ihnen wieder aufzubauen.
- Wenn Sie von sich wissen, dass Sie ein »notorischer Fremdgeher« sind, konfrontieren Sie Ihren Partner offen damit und geben Sie ihm die Chance, sich mit diesem Wissen für oder gegen Sie zu entscheiden.

Das rät Paartherapeut Torsten Klatt-Braxein

Fremdgehen an sich ist noch kein Beinbruch. Es gibt durchaus Menschen, für die Fremdgehen ganz normal ist – nach allem, was uns aus Forschungen (auch aus der Tierwelt) bekannt ist, spielt hier sicher auch eine biologische Komponente eine Rolle.

Ausschlaggebend für den Erfolg oder das Scheitern einer Partnerschaft ist aber vielmehr, welche Vorstellung die beteiligten Partner von Treue haben. Treue muss nicht nur sexuelle Treue sein, es gibt noch viele andere Facetten der Treue. Ein Paar, das es schafft, sich mit anderen und eigenen Treue-Konzepten auseinanderzusetzen, hat in der Regel auch das Potenzial, eine Krise, die durch das Fremdgehen eines Partners entstanden ist, zu meistern. Aus diesem Blickwinkel betrachtet, kann eine Beziehung am Thema Fremdgehen auch wachsen und reifen.

Die Voraussetzung ist dabei immer, dass die Partner miteinander kommunizieren. Werden das Fremdgehen und die Verletzung, die ein Partner deswegen erlitten hat, totgeschwiegen, kann die Partnerschaft daran zerbrechen.

Häufig erlebe ich auch, dass der betrogene Partner das Fremdgehen des anderen zu einer Waffe macht, nach dem Motto: »Du bist schuld, dass es uns miteinander schlecht geht. Du hast alles kaputt gemacht.« Derjenige, der so reagiert, begibt sich aber in eine Opferrolle, von der aus er dann Macht auf den anderen ausübt – und zwar in einer negativen Weise. Und mit der Installation eines solchen Machtgefälles wird man auf Dauer die Beziehung zerstören, zumal sich hier die Opferrolle in eine Täterrolle wandelt.

Die Herausforderung besteht darin, auf den anderen zuzugehen, einerseits um Verzeihung zu bitten und andererseits auch
wirklich zu verzeihen. Viele, die in einer solchen Situation ehrlich
mit sich selbst sind, werden vielleicht feststellen: Das hätte mir
auch passieren können. Sicher ist es schwer, so großzügig zu reagieren, wenn man verletzt wurde, aber es ist möglich und der
erste Schritt, die Beziehung auf eine neue, intensivere Stufe zu
heben.

Studien des Partnerportals ElitePartner.de besagen, dass ...

- Treue für 62,9 Prozent der Deutschen (Frauen: 66,3/Män-
  ner: 60,9) ein absolutes Muss ist. 94 Prozent gaben sogar
  Treue als wichtigste Eigenschaft ihres Traumprinzen an;
- das Verhältnis zur Treue sich mit dem Alter ändert: Während bei den unter 30-Jährigen Treue noch für jeden Dritten höchstes Gebot ist, gilt dies bei den über 55-Jährigen
  nur noch für jeden Zweiten;
- 31,1 Prozent der Deutschen die Beziehung auch bei einem einmaligen Seitensprung sofort beenden würden;
- für 40,4 Prozent der Menschen Fremdgehen beim Sex beginnt, während von 49,5 Prozent bereits das Küssen eines
  anderen als Seitensprung verstanden wird, 10 Prozent der
  Befragten halten es sogar für Fremdgehen, wenn man in
  sexueller Hinsicht an jemand anderen denkt;
- 33,9 Prozent schon einmal die Erfahrung gemacht haben,
  betrogen worden zu sein;
- 42,8 Prozent derjenigen, die schon einmal betrogen haben, meinten, »es sei einfach passiert«, 31 Prozent gaben
  als Grund an, sie »hatten sich verliebt«, und 26,2 Prozent
  empfanden, dass in ihrer festen Beziehung »der Sex zu
  wenig wurde«.

Quellen: LiebesTrendMonitor 2007 (3.880 Befragte), Single-Studie Juli
2008 (10.067 Befragte) und Okt./Nov. 2008 (7.430 Befragte), TreueRe-
port 2009 (7.430 Befragte)

Das sagten Klienten der Liebeskummerpraxis im Rahmen einer Umfrage zum Thema »Fremdgehen«

»Mein Mann schätzt an mir, dass er mit seinen Kumpels ausgehen kann, ohne dass ich eine Eifersuchtsszene mache.«

»Auch bei Frauen ist der Sex wichtig, und wenn der Lover keinen hoch kriegt, weil er ein schlechtes Gewissen wegen seiner Ehefrau hat, dann kann das schon nerven und gibt einem doch das Gefühl, dass mit einem selbst etwas nicht in Ordnung ist.«

»Doppeltes Verliebtsein ist schwer verdaulich für beide Partner, aber es kommt vor. Da muss man sich bekennen und sich seiner Gefühle klar werden.«

So bleibt Ihre Beziehung mit Kind harmonisch

Das rät die Liebeskummer-Expertin

Kein Ereignis bringt eine Partnerschaft so aus dem bisherigen Rhythmus wie ein Kind. Häufig beginnt es bereits damit, dass nur ein Partner – und das ist wesentlich öfter die Frau – wirklich ein Kind möchte. Männer stimmen diesem Wunsch dann meistens irgendwann zu und denken sich insgeheim, sie müssten mit der ganzen »Angelegenheit« gar nicht so viel zu tun haben. Die Frau wird das schon regeln, wenn er nur brav das nötige Kleingeld nach Hause trägt.

Wer aber jemals Vater oder Mutter geworden ist, weiß, dass das ein Trugschluss ist. Ist das Baby erst mal auf der Welt, bleibt nichts so, wie es war. Und dann gilt es für die Eltern, einen neuen Rhythmus zu finden, mit dem alle Beteiligten gut leben können. Das ist nicht leicht.

In meiner Praxis erlebe ich immer wieder, dass das Thema Eifersucht hier eine wichtige Rolle spielt und in verschiedensten Variationen auftritt: Da ist der Mann eifersüchtig auf das Kind, weil die Frau mit ihrer Aufmerksamkeit nur noch beim Baby ist, oder die Frau ist eifersüchtig auf das Kind, weil der Mann sich liebevoller um das Baby kümmert als um sie. Ältere Geschwister sind eifersüchtig auf das neu angekommene Schwesterchen oder Brüderchen, und selbst die Großeltern fragen überhaupt nicht mehr danach, wie es den Eltern geht, sondern sorgen sich nur noch um das Baby.

Neben diesen Veränderungen im Familiensystem gerät auch der ganze Tagesablauf aus den Fugen. Anfangs muss das Baby alle vier Stunden gestillt werden – Schlafmangel zehrt an den Nerven, viele Frauen bemühen sich in dieser Zeit kaum noch um ihr Äußeres, und obwohl sie doch den ganzen Tag zu Hause sind, sieht es womöglich auch in der Wohnung aus wie bei den berüchtigten Hempels unterm Sofa.

Hier gilt es sicher, dem Partner so viel Verständnis wie möglich entgegenzubringen und sich notfalls gemeinsam einen Zeitpunkt zu setzen, zu dem der Säugling mit ruhigem Gewissen abgestillt werden kann, damit wieder etwas mehr Struktur in den Alltag kommt.

Das nächtliche Stillen führt in vielen Familien auch dazu, dass das Baby jede Nacht im elterlichen Bett schläft, damit man es nicht immer hin- und hertragen und warten muss, dass es im Kinderbettchen wieder eingeschlafen ist. Für die Partnerschaft ist eine solche Entwicklung höchst kritisch, und ich würde jedem Elternpaar empfehlen, das Kind von Beginn an an das Schlafen im Kinderbett zu gewöhnen. Denn wo ein Kind im Ehebett schläft, findet kaum noch Sexualität statt. Spätestens wenn die Eltern sich auch noch gegenseitig mit »Mama« und »Papa« ansprechen, ist es höchste Zeit, sich ernsthaft Gedanken über die Partnerschaft zu machen.

Ganz gleich, ob die Frau sich zu Hause um das Kind kümmert oder der Mann, wichtig ist es, dass diese Arbeit, die der Partner zu Hause leistet, auch anerkannt wird. Denn hier driften die Welten auseinander – der eine kommt energiegeladen nach Hause, weil der Chef ihn gelobt hat, der andere sitzt deprimiert mit Babybrei und vollen Windeln zu Hause … In einer solchen Konstellation ist es kaum noch verwunderlich, wenn der berufstätige Elternteil die Arbeitskollegin bzw. den Arbeitskollegen plötzlich ganz attraktiv findet, nicht zuletzt, weil der Partner/die Partnerin zu Hause sich in Bezug auf ihr Äußeres so sehr gehen lässt.

Viele Männer tendieren auch dahin, mit ihren eigenen Bedürfnissen gegenüber der Partnerin zurückzustecken. »Meine Frau ist ja jetzt so sehr mit dem Baby beschäftigt und hat ihre eigenen Sorgen, da will ich sie nicht auch noch mit meinen Problemen belasten«, denken sie sich dann. Das ist zwar eine gute Absicht, nach meiner Erfahrung jedoch trotzdem der falsche Weg. Es ist immer besser, die Dinge anzusprechen, die Sie beschäftigen und belasten, anstatt sich zurückzuziehen. Letzteres führt am Ende nämlich genau dazu, dass beide Partner keinen Anteil mehr aneinander nehmen (können) und dass man sich auseinanderlebt.

Mein Exmann und ich haben uns damals von Anfang an einen Babysitter gesucht, der einmal pro Woche abends kam, damit wir zu zweit wenigstens mal im Lokal um die Ecke ein Bier trinken gehen konnten. Oft wären wir dann sogar lieber zu Hause geblieben, aber im Rückblick haben uns diese kleinen Ausflüge aus dem häuslichen Alltag doch gut getan. Später wurde aus dem kurzen Kneipenbesuch der eine oder andere Kinoabend oder mal ein Besuch bei Freunden zum Abendessen. Je regelmäßiger man so etwas macht, desto schneller gewöhnt sich dann auch das Kind an eine andere Bezugsperson.

Ein weiterer Aspekt, der viele Partnerschaften ins Wanken bringt, ist, dass vieles nicht mehr in derselben Weise planbar ist wie vorher. Ich habe es schon oft erlebt, dass sich Eltern vorgenommen haben, erst kümmert sich die Mutter ein halbes Jahr um das Baby, dann bleibt der Vater mal einige Monate zu Hause. Als das Kind dann aber da war, entwickelte sich plötzlich alles anders – sei es, dass die Mutter sich nach einem halben Jahr doch noch nicht vom Kind trennen wollte oder dass sich dem Vater plötzlich eine Karrierechance bot, die er keinesfalls wegen der Elternzeit sausen lassen wollte. Hier ist es das Allerwichtigste, dass sich beide Partner mit der Entscheidung, die dann getroffen wird, wohlfühlen und dem anderen nicht laufend Vorwürfe machen, dass sie die ursprüngliche Absprache nicht eingehalten haben.

Selbst wenn das Kind schon früh in die Kita kommt, damit beide Elternteile ihrer Berufstätigkeit nachgehen können, sollte der Umgang mit Unvorgesehenem klar abgesprochen werden. Schließlich muss der eine oder die andere das Kind abholen, wenn die Betreuerin anruft, dass es plötzlich 39 Grad Fieber hat …

Kommunikation und Absprachen sind in einer Partnerschaft mit Kind prinzipiell das A und O. Was Sie außerdem am Übergang von der Paarkonstellation zur Familie beachten sollten, ist:
- Seien Sie darauf gefasst, dass nach der Geburt des Kindes Ihr Alltag vollständig umgekrempelt sein wird, und versuchen Sie, Ihrem Partner bzw. Ihrer Partnerin in dieser Situation umso mehr Verständnis entgegenzubringen.
- Achten Sie darauf, dass die Sexualität spätestens nach fünf, sechs Monaten wieder genügend Raum in Ihrer Beziehung be-

kommt. Wenn Ihnen das nicht gelingt, sollten Sie rechtzeitig professionelle Hilfe in Anspruch nehmen.

● Integrieren Sie möglichst früh weitere Bezugspersonen in Ihren Alltag, das kann ein Babysitter sein, der regelmäßig kommt, oder es können Familienangehörige sein. Das gibt Ihnen die Möglichkeit, auch mal mit Ihrem Partner/Ihrer Partnerin zu zweit etwas zu unternehmen und den Kontakt zu Freunden aufrechtzuerhalten.

● Auch der Partner, der sich um die Versorgung des Kindes und um den Haushalt kümmert, hat Anerkennung verdient. Hier ist der berufstätige Partner gefragt, diese Anerkennung zum Ausdruck zu bringen, ob durch Komplimente und kleine Geschenke oder indem man dem anderen auch mal einen Nachmittag freischaufelt, an dem er sich mit Freunden treffen oder einfach mit einem Buch im Bett liegen kann.

● Treffen Sie klare Absprachen, wer hauptsächlich für welche Bereiche in Bezug auf das Kind, den Haushalt etc. zuständig ist. Allerdings sollten Sie in dieser Hinsicht nicht zu dogmatisch sein – Ausnahmen bestätigen ja bekanntlich die Regel.

Neben diesen Umwälzungen, die ein Kind für die Partnerschaft mitbringt, begegnet mir allerdings in meiner Berufspraxis häufig auch noch ein anderer Fall, der ebenfalls mit diesem Thema zusammenhängt. Da ist eine Frau mit Mitte 30 seit einigen Jahren in einer festen Partnerschaft und möchte unbedingt ein Kind haben. Der Mann teilt diesen Wunsch hingegen nicht – und je mehr die Frau insistiert, desto klarer wird ihr, dass ihr Partner vielleicht wirklich kein geeigneter Familienvater wäre … Was also tun? Wegen des Kinderwunsches den Mann verlassen, den man liebt? Und dann? Schließlich steht der nächste Anwärter ja nicht schon vor der Haustür und wartet nur darauf, dass sie ihm in die Arme läuft. Gleichzeitig wird das Ticken der biologischen Uhr immer lauter.

In einer solchen Situation kann ich jeder Frau nur raten: Versuchen Sie, für sich allein zu einer Entscheidung zu kommen. Wie wichtig ist Ihnen die Partnerschaft und wie wichtig der Kinderwunsch? Das bedeutet manchmal auch in letzter Konsequenz, dass man sich vom Partner, mit dem man sich im Grunde gut versteht, trennen muss, um seinen Lebenstraum vom eigenen Kind eine Chance zu geben. Denn solange Sie in dieser Partnerschaft verharren, werden Sie auch nicht offen sein, einen neuen Partner kennenzulernen, der Ihren Wunsch teilt.

Wenn Sie feststellen, dass Sie sich nicht vorstellen können, sich von Ihrem Partner zu trennen, müssen Sie sich fragen, ob Sie sich stattdessen von Ihrem Wunsch trennen können. Eine solche Entscheidung können nur Sie allein treffen, niemand kann sie Ihnen abnehmen. Auf lange Sicht ist dies aber der einzige Weg, aus der Ambivalenz herauszukommen. Denn mit jemandem, der das eigentlich gar nicht möchte, ein Kind in die Welt zu setzen, betrachte ich nicht als ratsam. Umgekehrt sollten Sie sich aber auch davor hüten, Ihrem Partner jahrelang Vorwürfe zu machen, dass er Sie daran gehindert hat, ein Kind zu bekommen.

Das rät Paartherapeut Torsten Klatt-Braxein

Ein wichtiger Aspekt, wenn das erste Kind in einer Partnerschaft kommt, ist sicher, dass die sexuelle Attraktivität in vielen Beziehungen während der Schwangerschaft und oft auch noch nach der Geburt sinkt. Hier sollten sich beide Partner klarmachen, dass das nichts mit Ablehnung zu tun hat, sondern dass das Paar eine Übergangsphase, quasi eine natürliche Krise, durchlebt, die in den meisten Fällen vorbeigeht. Häufig ist es dann so, dass die Frau sich zurückzieht, weil die natürliche Symbiosebildung zum Kind einsetzt. Der Mann hat dann manchmal der Eindruck, er käme gar nicht mehr an seine Frau heran, während er oft gleichzeitig extrem mit der Sorge beschäftigt ist, zukünftig die (finanzielle) Verantwortung für die Familie tragen zu müssen.

Hier gilt es, Formen des Zusammenseins und des Austausches zu finden, die den veränderten Bedürfnissen beider Partner entsprechen. Gerade die neue Verantwortung löst bei vielen Männern Angst aus, sodass sie sich vielleicht umso mehr in die Arbeit stürzen, um ihrer Versorgerrolle gerecht zu werden. Die Frau hingegen sieht dann oft nur: Der Mann ist nicht da, und sie sitzt mit dem schreienden Baby zwischen Windeln, Haushalt und dem alltäglichen Kleinkram allein da. Was beide dann am nötigsten haben, ist die gegenseitige Anerkennung dessen, was sie für die Beziehung und für die Familie leisten.

Paare, bei denen beide Partner das Kind wollen, finden in der Regel solche Möglichkeiten und Wege und passen sich an die neue Situation an. Wenn jedoch ein Partner im Grunde den Zustand von vorher zurückhaben will, wird es für die Beziehung immens schwierig werden, denn der Status quo ist während einer Schwangerschaft und mit einem Kind einfach nicht zu halten. Man muss dann akzeptieren, dass die Zweisamkeit der Partnerschaft aufbricht und zu einer familiären Dreisamkeit wird und viel Veränderung mit sich bringt.

Die allermeisten Paare meistern diesen Übergang vom Paar zur Familie gut. Wenn es hier zu Schwierigkeiten kommt, geht es immer darum, miteinander zu kommunizieren und konstruktive Lösungen zu finden – im Zweifelsfall mit einem Therapeuten oder einem Coach.

Studien des Partnerportals ElitePartner.de besagen, dass ...

- es bei der Partnerwahl eine eher untergeordnete Rolle spielt, ob der andere sich ein Kind wünscht oder nicht, nur 4 Prozent der Frauen und 6 Prozent der Männer halten den Aspekt Kinderwunsch bei der Wahl ihres Lebenspartners für wichtig;
- über 80 Prozent der Männer und Frauen denken, es halte die Beziehung zusammen, wenn beide Partner gemeinsam die Verantwortung für Kinder übernehmen.

Quelle: LiebesTrendMonitor 2007 (3.880 Befragte)

Das sagten Klienten der Liebeskummerpraxis im Rahmen einer Umfrage zum Thema »Baby-Alarm«

»In meiner Beziehung ist der größte Stolperstein das Kind, das mein Partner mit seiner Exfrau hat. Ich hatte deshalb keine Möglichkeit, meinen Partner zunächst einmal ohne Kind kennenzulernen. Ich denke, dass die Problematik mit einem oder mehreren Kindern aus einer anderen Partnerschaft heute ein sehr häufig auftretendes Problem ist.«

»Unsere Kinder halten unsere Beziehung lebendig. Da gibt es immer irgendetwas zu erzählen. Allerdings ist es manchmal auch nicht leicht, sich gerade wegen der Kinder einfach mal Zeit zum Quatschen und Quatsch machen zu nehmen. Manchmal kommt auch Eifersucht auf die bzw. wegen der Kinder auf.«

»Meine Frau ist 29 und ich bin 47 Jahre jung. Wir haben drei Kinder: Julius 2,5 Jahre (gemeinsam), Lukas 9 Jahre (von meiner Frau) und Franziska 15 Jahre (von mir). Wir zelebrieren unsere Beziehung und gehen mindestens zweimal die Woche abends kinderlos weg. Meine Arbeitszeit lässt zu, dass ich viel für meine Frau da bin und wir viel zusammen machen.«

»Wir sehen uns wenig, auch schwanger werden ist dabei schwierig. Ich bin jetzt 34 und es wird Zeit. Doch er kann ja nicht zum entsprechenden Zeitpunkt mal eben von Essen, Berlin oder München rüberjetten.«

Qualität vor Quantität:
Wie man auch mit wenig Zeit
zu zweit glücklich sein kann

Das rät die Liebeskummer-Expertin

Wenn Menschen sehr wenig Zeit für ihre Partnerschaft aufbringen, ist es häufig so, dass sich ihr Selbstwertgefühl sehr stark aus dem Erfolg im Job speist. Ihnen ist die Anerkennung des Chefs wichtiger als die Anerkennung des Partners/der Partnerin. Meist haben sich die Partner früh kennengelernt, vielleicht während des Studiums, als die Karriere noch nicht so sehr im Vordergrund stand. Mit der Zeit haben sich die Prioritäten dann aber immer mehr hin zum beruflichen Weiterkommen verschoben.

Wenn beide Partner diese Prioritätensetzung teilen, kann eine solche Beziehung über viele Jahre hinweg harmonieren, denn beide stellen an ihr Privatleben weniger hohe Ansprüche und geben einander viel Freiraum. Selbst Seitensprünge werden in solchen Konstellationen oft toleriert, denn der Sex mit einer Assistentin, einer Stewardess oder einer Dame vom Escort-Service wird von den Männern – die da etwas aktiver sind als die meisten Frauen – in erster Linie als Entspannung nach einem langen Arbeitstag empfunden.

Erfolgreiche Frauen ihrerseits verbringen den Feierabend dann meist im Fitnessstudio oder beim Prosecco mit einer Kollegin an der Hotelbar.

Problematisch wird es allerdings, wenn aus irgendeinem Grund »Sand ins Getriebe« der gut laufenden »Beziehungsmaschinerie« kommt. Das kann beispielsweise ein Kind sein, das die Beziehung grundlegend verändert und von beiden Eltern verlangt, dass mehr Energie in das Familienleben investiert wird und folglich weniger Energie in den Job. Es kann aber auch ein Elternteil sein, der plötzlich pflegebedürftig wird und dem Karrierestreben »in die Quere kommt«, oder gesundheitliche Probleme eines Partners, sei es durch dauerhafte Überlastung

(Burn-out, Herzinfarkt etc.) oder durch andere Einflüsse. Solche Einschnitte erfordern ein Umdenken, zu dem meist nicht beide Partner im selben Moment bereit sind. Oft wird Paaren erst in einer solchen Krisensituation bewusst, wie sehr man sich in den vergangenen Jahren auseinandergelebt hat. Hier kann eine Krise durchaus als Chance verstanden werden, das eigene Leben noch einmal neu zu sortieren und die Notbremse zu ziehen, bevor es für die Partnerschaft zu spät ist.

Wesentlich häufiger ist allerdings die Konstellation, dass nur ein Partner seine Karrierepläne so ehrgeizig verfolgt. Solange der andere dann bereit ist, ersterem den Rücken freizuhalten und sich gegebenenfalls um die Versorgung und Erziehung der Kinder zu kümmern, ist noch alles im Lot. Wenn der andere aber eigene Prioritäten setzt, kann auch hier die Partnerschaft aus dem Gleichgewicht geraten.

Ein klassischer Moment dafür ist etwa, wenn die Kinder aus dem Haus sind und die Ehefrau nur noch zu Hause sitzt und wartet, dass der Mann endlich von der Sitzung nach Hause kommt oder am Sonntag wenigstens für zwei Stunden mal seinen Laptop ausschaltet. Häufig fragen sich die Frauen dann: Soll das jetzt schon alles gewesen sein? Möchte ich auf diese Weise die nächsten Jahre oder gar Jahrzehnte verbringen? Und dann bauen sie sich nach und nach ein eigenes, neues Leben auf, in dem der ewig abwesende Partner irgendwann gar nicht mehr vorkommt.

Der einzige Weg, in einer solchen Situation wieder zueinanderzufinden, ist das offene Gespräch. Es ist der erste Schritt, die Aufmerksamkeit wieder stärker auf die Beziehung zu lenken und somit ein lange eingeübtes Muster zu durchbrechen. Sinnvoll ist es dann, miteinander die Rahmenbedingungen für die Partnerschaft zu besprechen und zu klären: Wollen wir weiterhin eine Beziehung führen? Wie wollen wir diese Beziehung gestalten? Was sind wir bereit, dafür zu tun? Was erwarten wir voneinander, und sind beide bereit, die Erwartungen des anderen zumindest teilweise zu erfüllen? Haben wir gemeinsame Interessen, die wir miteinander teilen können und die ein verbindendes Element unserer Partnerschaft darstellen können?

Dabei ist es nicht per se ein »Beziehungskiller«, wenig Zeit in die Partnerschaft investieren zu wollen – aber der Maßstab für dieses »Wenig« muss von beiden Seiten abgestimmt und akzeptiert werden. Es geht ja nicht in erster Linie darum, alles gemeinsam zu machen. Manche Partner verbringen sehr viel Zeit miteinander – und trotzdem findet kein echter Austausch statt, weil die gemeinsame Zeit nicht im Sinne der Partnerschaft genutzt wird. Ich habe es schon häufig erlebt, dass Paare ihre Zeit zusammen mit so viel Aktivität füllen, dass für Zweisamkeit gar kein Raum mehr bleibt.

Vielmehr sollte der qualitative Aspekt der Zeit, die man miteinander verbringt, im Vordergrund stehen. Ob man dann jede Woche ein neues Restaurant erkundet, lange Spaziergänge macht oder seine Zeit zu zweit auf dem Golfplatz verbringt, bleibt dabei jedem Paar überlassen. Wichtig ist aber, dass es Möglichkeiten für den persönlichen Austausch gibt – und das funktioniert eben nicht, wenn man vor dem Fernseher hängt, in der Disco bei lauter Musik herumsteht oder ständig mit einer Horde von Freunden unterwegs ist.

Sehr klärend kann dabei übrigens auch die Beantwortung der folgenden Fragen sein: Was möchte ich mit meinem Partner tatsächlich teilen und was nicht? Welche Aktivitäten möchte ich mit ihm gemeinsam unternehmen und welche nicht? Denn auch das sollte in einer guten Partnerschaft erlaubt sein: Zu sagen, an welcher Stelle man den anderen eben gerade nicht mit einbeziehen und sich einen Freiraum schaffen möchte.

Bei all dem sollten Sie sich auch bewusst machen: Wieder zueinanderzufinden, nachdem man sich über Jahre hinweg voneinander entfernt hatte, ist immer ein Prozess, der nicht von heute auf morgen abgeschlossen ist. Lange gehegte Gewohnheiten – das wissen wir auch aus anderen Lebensbereichen – lassen sich nicht mir nichts, dir nichts über Bord werfen. In vielen Fällen empfiehlt es sich deshalb, die Hilfe eines Beraters oder Therapeuten in Anspruch zu nehmen, der Anstöße geben kann, die dabei helfen, nicht immer wieder in die alten Beziehungsmuster zu verfallen.

Hier meine konkreten Tipps, die Ihnen helfen können, eine glückliche Beziehung zu führen, auch wenn ein oder beide Partner beruflich stark eingespannt sind:

- Wenn Sie merken, dass Sie mit Ihrer Beziehung nicht mehr zufrieden sind, weil Sie mit Ihrem Partner kaum noch etwas teilen, suchen Sie das offene Gespräch.
- Versuchen Sie gemeinsam einen Konsens zu finden, über das, was Sie mit Ihrem Partner teilen möchten und wo jeder für sich Freiräume in Anspruch nehmen möchte. Oft kann es auch sehr verbindend sein, sich neue gemeinsame Ziele zu setzen oder sich gegenseitig bei der Verwirklichung von Lebensträumen zu unterstützen.
- Überlegen Sie sich, wie Sie Ihre gemeinsame Zeit, auch wenn es nur wenig ist, so gestalten möchten, dass ein echter Austausch möglich wird. Vielleicht haben Sie auch Lust, zusammen ein neues Hobby zu beginnen, das Sie verbindet.
- Verabreden Sie sich bewusst zu festen Terminen, auch dann bzw. gerade wenn Sie zusammenleben. Denn häufig denken Paare, sie sehen sich doch häufig, nur weil sie morgens nebeneinander aufwachen und abends nebeneinander einschlafen.
- Manchmal ist ein Beziehungsproblem nur lösbar, wenn beide bereit sind, auf irgendetwas zu verzichten. Sie sollten sich darüber klar sein, dass Beziehungen immer mit Kompromissen verbunden sind.
- Zögern Sie nicht, die Hilfe eines Beraters oder Therapeuten in Anspruch zu nehmen. Genauso wie im Business-Kontext manchmal die Unterstützung eines externen Beraters nötig ist, um Herausforderungen zu meistern, kann eine erfahrende Moderation dazu beitragen, auch im Privatleben Konflikte zu klären oder überhaupt erst einmal zu erkennen und zu benennen, und Prozesse wesentlich beschleunigen.
- Manchmal kann es sein, dass zwei Menschen sich so weit auseinanderentwickeln, dass der dünne Faden, der sie verbindet, einfach nicht mehr stark genug ist. Für diesen Fall ist es besser, sich zu trennen, anstatt mit aller Kraft an der Beziehung festzuhalten. Eine Trennung ist zwar eine traurige Angelegenheit, jedoch blockiert man sonst vielleicht über Jahre hinweg den Partner und sich selbst. Selbst wenn Kinder da sind, kann eine Trennung manchmal die beste Lösung für alle Beteiligten sein.

Das rät Paartherapeut Torsten Klatt-Braxein

Bei Paaren, die behaupten, wenig Zeit für die Partnerschaft zu haben, stelle ich in meiner Praxis immer wieder fest, dass sie sich sehr stark fremdbestimmt fühlen, sei es durch die Arbeit, die Kinder oder die eigene Herkunftsfamilie. Denn im Grunde ist es ja so: Jeder Mensch hat 24 Stunden am Tag zur Verfügung – das Phänomen »keine Zeit« zu haben, kann es daher gar nicht geben. Nur wer die Gestaltung seiner Zeit nicht in die Hand nimmt, kann das Gefühl bekommen, »keine Zeit« zu haben. »Der Job ist so zeitraubend«, »Die Kinder brauchen so viel Zeit«, solche Aussagen sind, aus diesem Blickwinkel betrachtet, lediglich Ausreden, die verdecken, dass keine Motivation vorhanden ist, Zeit für die Partnerschaft aufzubringen und mit dem Partner zu verbringen.

Es ist sicher eine normale Entwicklung, dass Paare, die Kinder haben, oder Paare, für die die Berufstätigkeit sehr wichtig ist, weniger Zeit in die Beziehung investieren. Häufig strebt diese wenige Zeit jedoch gegen Null – da ist die Krise vorprogrammiert. Dann ist es wichtig, rechtzeitig gegenzusteuern und sich bewusst zu machen, dass eine Partnerschaft nur wachsen und gedeihen kann, wenn man etwas dafür tut.

Viele Menschen verwechseln allerdings die Familie mit der Partnerschaft. Sie denken, wenn sie viel Zeit und Aufmerksamkeit in die Familie investieren, haben sie ihre Aufgabe erfüllt. Das ist aber ein Trugschluss, denn vielmehr stellt die Partnerschaft die Basis für die Familie dar. Wenn es in der Partnerschaft gut läuft, wird sich das auch positiv auf die Familie auswirken. Wenn die Partnerschaft aber in der Krise ist, wird das auch negative Konsequenzen für die Familie haben. Gerade deshalb sollte man sich immer wieder klarmachen, dass man, in dem Moment, in dem man eine Beziehung eingeht, auch Verantwortung für diese Beziehung übernimmt. Die Partnerschaft ist ein Geschenk, mit dem man sorgsam umgehen und das man pflegen sollte.

So etwas wie einen Stillstand gibt es in zwischenmenschlichen Verbindungen nicht. Nur weil man vielleicht verheiratet ist und sich ewige Liebe geschworen hat, heißt das nicht, dass dieser Status quo langfristig erhalten bleibt. Beziehung bedeutet immer auch

Veränderung und erfordert permanente Anpassungsprozesse. Wer nicht bereit ist, das zu akzeptieren und Zeit dafür aufzubringen, sich miteinander weiterzuentwickeln, sollte in meinen Augen besser die Konsequenzen ziehen und allein leben.

Studien des Partnerportals ElitePartner.de besagen, dass ...

- 47,8 Prozent der Befragten der Aussage zustimmen, heute sei man mehr auf die Karriere fixiert als auf den Partner (Frauen: 42,2 Prozent, Männer: 57,5 Prozent);
- 25,5 Prozent der Frauen und 21,8 Prozent der Männer bei der Partnerwahl auf ähnliche Interessen Wert legen, 50,5 Prozent der Befragten in einer Partnerschaft halten diesen Aspekt auch für einen wichtigen Faktor, der die Beziehung zusammenhält;
- bei 31,1 Prozent schon einmal eine Beziehung gescheitert ist, weil die Partner »sich auseinandergelebt hatten«, von allen angegebenen Trennungsgründen war dies der am häufigsten genannte;
- 34,4 Prozent der Single-Männer und 29,5 der Single-Frauen denken, sie hätten keinen Partner, weil ihnen die Zeit für die Partnersuche fehlt;
- 45,9 Prozent der Männer und 41,8 Prozent der Frauen sich vorstellen könnten, im Internet auf Partnersuche zu gehen, weil sie beruflich stark eingebunden sind und wenig Zeit für die Partnersuche haben.

Quelle: LiebesTrendMonitor 2007 (3.880 Befragte)

Das sagten Klienten der Liebeskummerpraxis im Rahmen einer Umfrage zum Thema »Wenig Zeit für den Partner«

»Beide Partner sollten dem anderen zuliebe einmal eine Veranstaltung besuchen oder einen Film ansehen, auch wenn dieser einen selbst nicht so anspricht, oder vielleicht auch ein Urlaubsziel aussuchen, das sich der Partner besonders wünscht. Dies darf aber nicht dazu führen, dass immer wieder betont wird, dass man selbst diese Wahl schlecht findet.

Das soll auch nicht heißen, dass man immer alles mit dem Partner zusammen machen muss. Jeder sollte seine eigenen Hobbys haben und sich mit seinen Freunden alleine treffen können. Es darf nie das Gefühl aufkommen, dass dies für einen der Partner nicht in Ordnung ist. Wenn der Freiraum dem Partner nur aus einer Verpflichtung heraus gewährt wird, kann dies auf Dauer nicht funktionieren.«

»Wir sorgen auch über Telefon und E-Mail für intensive Nähe und hüten so unseren größten Schatz: unsere Liebe füreinander.«

»Eine Wunschvorstellung von mir wäre es, sich innerhalb der Beziehung immer wieder ›Dates‹ zu erschaffen, entweder ein festes Date, von beiden miteinander verabredet, oder auch spontan. Dazwischen sollte jeder sein Ding machen können. Ohne Erwartungshaltung!«

»Wir versuchen, den Alltag, vor allem den Arbeitsalltag, zu teilen, denn ich weiß, was in seiner Firma abgeht. Wir waren jetzt gerade im Urlaub, manchmal ist es gut, Zeit für sich zu haben, uns hat es jedenfalls gut getan.

Problematisch sind bei uns manchmal die fehlenden gemeinsamen Interessen. Er liegt lieber am Strand, ich gucke mir gern Städte an. Er liegt gern vor dem Fernseher, ich würde gern öfter gemeinsam etwas unternehmen, zum Beispiel spazieren gehen, ins Kino gehen.«

Starke Frauen, schwache Männer?
Wie Sie mit Rollenkonflikten
konstruktiv umgehen

Das rät die Liebeskummer-Expertin

Was unsere Bilder und die Rollenverteilung von Mann und Frau angeht, hat sich in den letzten 30 Jahren sehr viel verändert. Oberflächlich betrachtet gibt es heute kaum mehr ein Tabu: Männer können Hausmann und Kindererzieher sein, Frauen sind erfolgreich im Beruf, jüngere Männer leben mit deutlich älteren Frauen, 50-Jährige gebären noch Kinder und scheinen den Mann dafür bald nicht mal mehr zu benötigen … Doch diese Entwicklung findet nicht statt, ohne dass beide Seiten ihren Preis dafür zahlen.

Wir Frauen haben jahrelang dafür gekämpft, im Job angemessen bezahlt zu werden (gleicher Lohn für gleiche Arbeit), wir wollten gesellschaftliche Freiräume, wir wollten unsere Zigarrenclubs, wir wollten Beruf und Familie vereinbaren, wir wollten Superwoman sein – und die Männer sollten uns dafür lieben … Nun haben wir all das (oder zumindest das Allermeiste) erreicht, bloß, ob die Männer uns dafür lieben, steht auf einem ganz anderen Blatt.

Denn die Entwicklung der Frauen kratzt nicht ganz unerheblich am Selbstwertgefühl und am Image der Männer. Der Mann darf sich jetzt nicht mehr als Held fühlen, weil er beruflich erfolgreich ist und die Familie finanziell versorgen kann. Dabei hatte er diese Rolle doch über Jahrtausende hinweg eingeübt: morgens rausgehen und das Wild erlegen, abends als Held mit der Beute zurückkehren. Und dann kommen die Frauen daher und werfen diese Rollenmuster innerhalb einer einzigen Generation vollkommen durcheinander. Wie soll man sich da noch zurechtfinden? – Simon Verhoeven, Filmemacher und Sohn der Schauspielerin Senta Berger fasste dies in einem Interview der »Bunten« so zusammen: »Männer wissen einfach nicht mehr,

125

was ihr Lebensentwurf ist, was Frauen von ihnen erwarten. Irgendwie sehnen wir uns sogar nach dem 50er-Jahre-Bild, als der Mann noch der Ernährer war.«

Stefan Woinoff, Facharzt für psychosomatische Medizin und Psychotherapie sowie Autor des Buches »Überlisten Sie Ihr Beuteschema«, sieht in diesen Entwicklungen sogar eine Ursache dafür, dass manche Menschen überhaupt keinen Partner finden und in der Folge auch keine Kinder bekommen. Denn noch immer wirkt das »archaische Beuteschema«: Frauen tendieren selbst heute noch dahin, sich Männer mit einem hohen Status als Partner zu wählen, weil die Chancen, die Familie »durchzubringen« dann besser stehen. Da sie aber selbst beruflich oft erfolgreich sind, wird die Auswahl an Männern mit mindestens gleichem, besser noch höherem Status immer geringer. Das hat nicht zuletzt gesellschaftliche Auswirkungen, denn Frauen wollen zwar, dass mehr Frauen in hohe Führungspositionen kommen – beim eigenen Mann soll aber eine Ausnahme gelten.

Dabei darf man sich auch nicht dem Trugschluss hingeben, dass alle Frauen über diese Entwicklung besonders glücklich seien. Interessanterweise sind – wie man mittlerweile erkannt hat – Frauen in hohen Positionen gerade deshalb so erfolgreich in ihrem Job, weil ein teamorientierter Führungsstil wesentlich effizienter ist, als der lange von den Männern gepflegte autoritäre Führungsstil. Im Umkehrschluss bedeutet das aber auch: Frauen haben ihre fürsorgliche, mütterliche, beziehungsorientierte Rolle ebenso verinnerlicht wie die Männer die des durchsetzungsfähigen, starken Jägers und Beschützers.

Und nicht wenige dieser Frauen finden – trotz ihres Erfolges – in ihrem Job häufig nicht die Erfüllung, sondern wünschen sich auch eine Familie. 95 Prozent der ledigen Frauen, die in meine Praxis kommen, wünschen sich insgeheim eine romantische Heirat mit weißem Kleid und allem drum und dran! Und viele derjenigen, die kleine Kinder haben, fühlen sich vollkommen zerrissen zwischen dem Anspruch, den Anschluss im Job nicht zu verpassen, und dem Wunsch, sich am liebsten die ersten drei oder vier Jahre komplett um die Kinder zu kümmern. Aber Letzteres wagen diese Frauen kaum noch zuzugeben, weder vor ihren

Freundinnen noch vor ihrem Partner – ein erschreckendes Phänomen, das aus meiner Sicht nicht unwesentlich mit dem Druck zusammenhängt, den die Medien auf »die moderne und erfolgreiche Frau von heute« aufbauen.

Aus meiner eigenen Erfahrung kann ich sagen: Mir hat die Rolle als Hausfrau und Mutter immer sehr gut gefallen und mich durchaus erfüllt, als meine Kinder noch klein waren, und gleichzeitig musste ich schon damals – vor über 20 Jahren! – die »Häme« einiger Leute aushalten, die meinten, eine Frau, die nicht arbeitet, sei automatisch ein »Dummchen am Herd«.

Heute bin ich selbst erstens geschieden, zweitens erfolgreich berufstätig und drittens: ohne Partner! Gerade in letzter Zeit habe ich von Männern häufig das Feedback bekommen: »Männer haben Angst, mit einer erfolgreichen Frau nicht fertig zu werden. Deshalb versuchen sie gar nicht erst, bei einer solchen Frau zu landen.« Ein Mann nannte mich in diesem Zusammenhang ein »Gesamtpaket«. – Aber bitte, liebe Männer: Frauen sind weder »Gesamtpakete« noch sind sie Menschen, mit denen man in erster Linie »fertig werden« muss! Berufstätige und erfolgreiche Frauen sind ganz normale Wesen, die sich nach Liebe, Aufmerksamkeit und Zärtlichkeit sehnen. Und da haben wir mit den Männern doch durchaus einiges gemeinsam.

Denn umgekehrt ist es schließlich nicht so, dass Männer keine Seele hätten, was wir Frauen diesen patriarchalen Anzugträgern ja lange Zeit unterstellt haben. Auch ein Mann ist durchaus dankbar, wenn er mal ein Kompliment bekommt und wenn frau ihm das Gefühl gibt, gebraucht zu werden. Und der letztgenannte Punkt steht ja zur Disposition, wenn eine Frau besser verdient als ihr Mann, auch sonst in jedem Lebensbereich bestens allein zurechtkommt und nebenbei auch noch Haushalt und Kindererziehung managt.

Dass der Mann sich neben einer solchen Superwoman nicht mehr wohlfühlt, erklärt wahrscheinlich auch folgendes Studienergebnis: Männer sind zwar inzwischen so weit, dass sie intelligente, selbstbewusste und unabhängige Frauen attraktiv finden. Hingegen macht es eine Frau eher unattraktiv, wenn sie durchsetzungsstark, beruflich erfolgreich und finanziell gutgestellt ist

(Quelle: Singlestudie von ElitePartner.de, Juli 2008, 10.067 Teilnehmer).

Männer, die ihrer Partnerin gegenüber Minderwertigkeitsgefühle haben, neigen dann übrigens dazu, sich die fehlende Anerkennung woanders zu suchen – zum Beispiel bei der Sekretärin oder der Nachbarin, die »nur« Hausfrau ist ...

Genau wie bei allen Liebeskummerfallen besteht auch hier die Lösung in der Kommunikation. Wer eine langfristige gemeinsame Zukunft plant, sollte sich mit seinem Partner zusammensetzen und genau über diese Dinge sprechen: Wie möchten wir unser Zusammenleben gestalten? Wie teilen wir uns die Arbeit im Haushalt? Wer bleibt wie lange zu Hause, wenn ein Kind kommt? Bewährt haben sich auch zeitlich aufeinander abgestimmte »Karrierepläne«, in denen festgelegt ist: Die nächsten drei oder fünf Jahre steht meine Karriere im Vordergrund, anschließend halte ich dir stärker den Rücken für deine Karriere frei. Sie sollten sich auch gar nicht scheuen, so etwas schriftlich festzuhalten, denn die Erinnerung hat schließlich schon so manchem Menschen einen Streich gespielt.

Man sollte sich auch bewusst darüber sein, dass Strukturen, die sich im Alltag unbemerkt einschleichen und sich anschließend immer mehr einschleifen, nur sehr, sehr schwer zu durchbrechen sind. Nicht umsonst sprechen wir deshalb von der »*Macht* der Gewohnheit«. Wer also meint, wenn es erst mal so weit ist, dass beispielsweise ein Baby da ist oder wenn ich erst einmal ein Jobangebot bekomme, das ich unmöglich ablehnen kann, dann werden sich die Dinge schon irgendwie regeln, der täuscht sich nicht nur häufig, sondern er verpasst auch eine Chance zur aktiven Gestaltung des Zusammenlebens.

In meiner Praxis habe ich es häufig erlebt, dass gerade so offene, »moderne« Paare sich gern der Illusion hingeben: Bei uns ist das doch alles anders ... Und wie oft erlebe ich es dann doch, dass einer der beiden weinend in meiner Praxis sitzt, weil der andere fremdgegangen ist, und zwar mit jemandem, der doch »so absolut unter seinem/ihrem bzw. meinem Niveau ist«! Aber von diesem Jemand bekommen sie eben genau die Anerkennung, die ihnen zu Hause verwehrt wird. Denn Anerkennung und Achtung ist in diesen Beziehungskonstellationen der Dreh- und Angelpunkt, an dem sich die Beziehung bzw. ihr Scheitern bemessen lässt.

Da holt sich die erfolgreiche Frau den Generaldirektor ins Bett, weil sie den windelwechselnden Partner nicht mehr achtet und attraktiv findet. Oder der erfolgreiche Mann trifft sich zum Schäferstündchen mit seiner Assistentin, weil er die langweilige Hausfrau nicht mehr sexy findet. Und in beiden Fällen sind diese Seitensprünge absolut ungerecht, falls man in diesem Zusammenhang von Gerechtigkeit sprechen kann. Denn beide Betrogenen leisten schließlich auch ihren Anteil am Funktionieren des Zusammenlebens und des Familienlebens – nur wird der Partner, der zu Hause bleibt, in der Regel weniger geachtet, egal, ob das ein Mann oder eine Frau ist.

Ich rate Ihnen:
- Reden Sie miteinander über Ihre Erwartungen und Ihre Rollenbilder. Gestehen Sie sich zu »Mann zu sein« bzw. »Frau zu sein«, und lassen Sie sich von den überzogenen Bildern, die die Medien häufig zeigen, nicht unter Druck setzen.
- Klären Sie, wie Ihre Rollenteilung aussehen soll, wenn ein Kind kommt – und zwar *bevor* das Kind da ist. Wenn Sie zeitliche Vereinbarungen für Karriere-, Familien- und Lebensplanung treffen, zögern Sie nicht, die wichtigsten Punkte schriftlich festzuhalten, um späteren Konflikten vorzubeugen. Das bedeutet nicht, dass kein Abweichen von diesen Absprachen möglich ist, wenn Dinge sich am Ende doch anders entwickelt haben. Aber auch diese Abweichungen sind dann Verhandlungssache zwischen beiden Partnern.
- Schätzen Sie Wert, was Ihr Partner im Alltag für die Familie und die Partnerschaft leistet – ganz gleich, ob das die Arbeit im Haushalt und bei der Kinderversorgung betrifft oder die finanzielle Absicherung der Familie. Und: Nur weil ein Partner den Part im Haushalt übernommen hat, bedeutet das nicht automatisch, dass der andere sich am Wochenende einfach hinsetzt und bedienen lässt! Auch von der Hausarbeit braucht man mal einen freien Tag.

Das rät Paartherapeut Torsten Klatt-Braxein

Wir leben heute in einer Zeit, in der das klassische männliche Equipment eigentlich nicht mehr gebraucht wird – von der Muskulatur über die Beschützer- und Versorgerqualitäten bis hin zum männlichen Samen, weil man ja mittlerweile auch klonen kann. Viele Männer sind deshalb sehr verunsichert und stehen vor der Aufgabe, ihre Rolle neu zu definieren und zu füllen. Aus meiner Sicht tut jede Frau heute gut daran, den Mann in seiner bereits verunsicherten Position nicht noch mehr zu verstören, wenn sie mit ihm eine harmonische Beziehung führen möchte, sondern sich mit ihm konstruktiv über die Rollenmuster auseinanderzusetzen.

Einerseits ist das Aufbrechen der klassischen Rollen durchaus wünschenswert, es geht dabei aber nicht um eine Anpassung um jeden Preis. Vor allem, wenn sich diese Veränderung nur darin vollzieht, dass die Frau ein neues Verhalten des Mannes einfordert und der Mann sich als Einziger anpasst, halte ich das für eine falsch verstandene Emanzipation. Die Gefahr dabei ist nicht nur, dass der Mann seine persönliche Identität verliert, sondern auch, dass er am Ende für die Frau, die genau diese Veränderung von ihm eingefordert hat, nicht mehr attraktiv ist.

In manchen Fällen geraten Männer im Hinblick auf ihre Rolle und ihre Männlichkeit so unter Druck, dass das sogar Potenzprobleme zur Folge hat. Der Mann fühlt sich dann buchstäblich kastriert. Spätestens an dieser Stelle ist eine Reflexion über die eigenen Rollenmuster und Erwartungen der beiden Partner angeraten – idealerweise mit therapeutischer Unterstützung. Denn mit einem Eunuchen sind die Frauen ja auch nicht glücklich.

Jeder Mann sollte die Möglichkeit haben, seine männlichen Anteile auszuleben, und jede Frau sollte ihre weiblichen Anteile ausleben können, ob das nun im Berufsleben, im Bett oder sonstwo passiert, kann jedes Paar für sich entscheiden. In diesem Sinne ist eine gemeinsame Emanzipation das Ziel, also sowohl Wachstum der Frau als auch des Mannes. Männlichkeit und Weiblichkeit sollten auf beiden Seiten befördert werden, und zwar im gegenseitigen Austausch und mit gegenseitiger Anerkennung. Dadurch wird eine Beziehung stabilisiert, und sie kann wachsen.

Studien des Partnerportals ElitePartner.de besagen:

- Männlichkeit ist eine der wichtigsten Eigenschaft des Traummannes. Nach Aussage der befragten Frauen wären die Top 10 Eigenschaften des Märchenprinzen:
  1. treu (94 %)
  2. humorvoll (92 %)
  3. intelligent (92 %)
  4. einfühlsam (89 %)
  5. zärtlich (89 %)
  6. unternehmungslustig (80 %)
  7. männlich (77 %)
  8. leidenschaftlich (76 %)
  9. familienorientiert (73 %)
  10. gut gekleidet (66 %)
- Weiblichkeit ist den Männern sogar noch wichtiger. Das sind die Top 10 Eigenschaften der Traumfrau:
  1. treu (90 %)
  2. zärtlich (86 %)
  3. witzig/humorvoll (85 %)
  4. weiblich (84 %)
  5. intelligent (83 %)
  6. leidenschaftlich (73 %)
  7. gutaussehend (69 %)
  8. selbstbewusst (68 %)
  9. gute Figur (68 %)
  10. unabhängig (63 %)

Quelle: Single-Studie Juli 2008 (10.067 Befragte)

Das sagten Klienten der Liebeskummerpraxis im Rahmen einer Umfrage zum Thema »Rollenkonflikte«

»Der größte Stolperstein heißt ›Die ungerechte Aufteilung der Arbeiten zwischen Mann und Frau‹. Viele meiner Freundinnen, die arbeiten und Kinder haben, teilen meiner Meinung nach die Hausarbeiten besser (auch in England und Amerika). Bei uns ist die Aufteilung der Arbeit leider nicht 50 : 50 sondern: er 25 %, sie 75 %! Es wird oft erwartet, dass frau alles zu Hause erledigt – zum Beispiel Haushalt, Verwaltung der Finanzen, Korrespondenz und Termine mit Freunden, Urlaub buchen, Termine der Kinder und der Kinderaktivitäten koordinieren, Geschenke besorgen, Lebensmittel einkaufen, Handwerker koordinieren, Gartenarbeit und Haushalt erledigen! Auch wenn die Frau zusätzlich erwerbstätig ist, ist das so – und weil wir Frauen so gern Superweib spielen, sind wir bereit, mitzumachen. Warum liest mein Mann die Zeitung gerade dann, wenn die Kinder ins Bett sollen? Wie kann er die Ruhe dazu haben? Ich möchte auch mal zu einer humanen Zeit Zeitung lesen – und nicht nachts um halb eins, wenn alle andere Dinge erledigt sind!«

»Hier auf Mallorca wechseln die Frauen mit der Jahreszeit, und entgegen der landläufigen Meinung sind es hier die Frauen, die die Abwechslung zu ihrem sonstigen gesellschaftlichen Dasein suchen und durchaus auch ausleben. Zurück im heimischen Hafen holt sie dann schnell wieder die maskierte Gleichgültigkeit des eigenen Seins ein …«

»Leider hilft er nicht ohne Aufforderung mit beim Aufräumen. Das nervt! Und kochen kann er auch nicht.«

»Mein Ex stand zum Beispiel total darauf, Strumpfhosen anzuziehen oder in Frauenkleider zu schlüpfen. Dann ging das Rollo runter und bei ihm die Luzie ab. Ich habe es mitgemacht, weil es ihm so sehr gefiel und mir nicht wehtat. Am Anfang musste ich aufpassen nicht zu lachen, aber dann gehörte es manchmal mit dazu.«

»Ich hätte gern einen Mann, der auch noch ein ganzer Kerl ist!«

Gemeinsam Hürden überwinden, statt einfach umzudrehen

Das rät die Liebeskummer-Expertin

Menschen, die mir nichts, dir nichts aus einer Beziehung ausbrechen oder vor Problemen den Kopf in den Sand stecken, haben häufig einschneidende Erfahrungen gemacht, die das Selbstvertrauen und das Vertrauen in andere schwer erschüttert haben. Das kann in einer früheren Partnerschaft geschehen sein oder sogar bis in die Kindheit zurückreichen.

Häufig erlebe ich es beispielsweise, dass jemand in einer früheren Beziehung von seinem Partner betrogen und hintergangen wurde und die Partnerschaft daran zerbrochen ist. Viele Menschen brauchen sehr lange, bis sie sich von diesem verletzenden Erlebnis wieder erholen und sich überhaupt erst einmal wieder trauen, einem neuen Partner zu *ver*trauen. Wenn sie sich dann – häufig erst nach mehreren Jahren – auf jemand Neues eingelassen haben und dieser neue Partner dann womöglich ebenfalls fremdgeht, brechen solche »gebrannten Kinder« die Beziehung meist ganz schnell und abrupt ab. Sie sehen sich in dem Bild bestätigt, dass es in Partnerschaften offenbar keine Treue gibt, und nehmen sich dann vor, lieber allein zu bleiben, als noch einmal solche Qualen zu erfahren. Jede Form der gemeinsamen und konstruktiven Überwindung dieser Krise wird dann kategorisch abgelehnt.

Nun kann man einerseits sagen: Da hat jemand aber wirklich Pech gehabt, dass er schon wieder an einen untreuen Partner geraten ist. Andererseits ist es in einer solchen Situation durchaus sinnvoll, sich zu fragen, was denn der eigene Anteil daran sein könnte, dass die Beziehung sich in diese Richtung entwickelt hat. Ich weiß, dass das sehr schwer ist, gerade wenn man sich so verletzt fühlt. Hier kann die Unterstützung eines Coachs oder eines Psychologen sinnvoll sein.

In meiner Praxis treten in solchen Klärungsgesprächen, ob zu zweit oder zu dritt, immer neue Aspekte zutage, durch die die Beteiligten plötzlich einen ganz anderen Blick auf die Situation gewinnen. So stellt sich etwa sehr häufig heraus, dass der betrügende Partner sich von der übermäßigen Eifersucht des betrogenen Partners regelrecht zum Seitensprung gedrängt fühlte. So etwas funktioniert dann wie die viel zitierte »self-fulfilling prophecy«: »Mein Partner denkt ohnehin so negativ von mir und geht davon aus, dass ich ein notorischer Betrüger bin – da kann ich mich auch ruhig tatsächlich so verhalten, das macht ja keinen Unterschied.«

Manchmal muss der betrogene Partner auch einräumen, dass er derjenige ist, der schon seit Monaten oder gar seit Jahren kein Interesse mehr am Sex hatte – schließlich hat sich der Andere sein Bedürfnis dann woanders erfüllen lassen.

Ich möchte diese genannten Konstellationen hier fast noch als die »harmloseren« Fälle bezeichnen, denn häufig sind die schlechten Erfahrungen und Ängste des betrogenen Partners mit ein wenig Unterstützung in kurzer Zeit zu überwinden. Anders liegen die Dinge, wenn jemand Traumata oder sehr verstörende Erfahrungen in seiner Herkunftsfamilie gemacht hat, die umso tiefer sitzen, je länger sie zurückliegen. Manchmal geht es dabei auch weniger um Einzelereignisse als vielmehr um von den Eltern gelernte destruktive Beziehungsmuster, die nur mit sehr viel psychischer Arbeit wieder abgelegt werden können.

So hatte ich beispielsweise mal eine Klientin, die aus einem Alkoholiker-Elternhaus kam, in dem auch regelmäßig geprügelt wurde. Sie reagierte jedes Mal so empfindlich darauf, wenn ihr Partner auch nur mal ein Glas Wein trank, dass die Beziehung schließlich daran zerbrach. Die Angst, dass der Partner – so wie ihr Vater früher – unter Alkoholeinfluss gewalttätig werden könnte, saß so tief, dass sie in diesem Punkt quasi »überreagierte«. Diese Klientin ging auch nie auf eine Party, eine Betriebsfeier oder ein Volksfest, weil dort so viel getrunken wurde und sie deshalb »Angst um ihr Leben habe«, wie sie sich ausdrückte. In den Sitzungen bei mir hat sie die Problematik zwar erkannt und reflektiert, solche einschneidenden Erfahrungen sind in der Regel aber nicht in fünf oder zehn Coachingsitzungen aufgearbeitet. Hier ist es eher angeraten, sich in eine längerfristige Psychotherapie zu begeben.

Diese Klientin fand übrigens dann einen Partner, der ebenso wie sie, vollkommen abstinent lebte.

Eine andere Klientin hatte als 16-Jährige einen schweren Autounfall, bei dem alle drei weiteren Insassen des Wagens ums Leben kamen. Ihre Eltern hatten damals das Gespräch über dieses Erlebnis verweigert, weil sie der Ansicht waren, es sei besser, das Mädchen solle den Vorfall so schnell wie möglich vergessen. Heute hat diese Frau jedoch größte psychische Probleme. Sie kämpft mit Schuldgefühlen und Suizidgedanken, weil sie das Gefühl hat, sie habe das (Über-)Leben nicht verdient. Nicht zuletzt deshalb macht sie auch äußerlich überhaupt nichts aus sich, sondern wirkt regelrecht ungepflegt. Zwar spürt sie eine Sehnsucht nach einer festen Partnerschaft, aber gleichzeitig ist sie gar nicht in der Lage, sich auf jemand anderen richtig einzulassen. Wird ein Kontakt zu nah, findet sie einen Vorwand, ihn ganz plötzlich wieder zu beenden.

Ob es nun um Gewalt im Elternhaus, Alkoholmissbrauch der Eltern oder andere schlimme Erlebnisse geht: Es ist in jedem Fall ganz wichtig, einem Partner von solchen Erfahrungen zu erzählen. Nur so hat der andere die Möglichkeit, mit der Situation konstruktiv umzugehen, Verständnis zu zeigen und Unterstützungsangebote bei der Verarbeitung der Problematik zu machen.

Schwieriger ist es da sicher, wenn die Ursachen, die zu irgendeiner Art der Störung bzw. Verstörung geführt haben, noch im Dunkeln liegen. In der vorn beschriebenen Geschichte von Sönke und Kathrin war es Sönke überhaupt nicht bewusst, dass er ein Problem mit sich herumtrug und welche Ursachen es dafür gab. An die Trennung von seiner leiblichen Mutter im Zuge der Adoption konnte er sich ja gar nicht mehr erinnern, und bewusst hatte er nie wahrgenommen, dass ihm in seinem Adoptivelternhaus etwas gefehlt haben könnte.

Auch bei Fällen von sexuellem Missbrauch kommt es häufig vor, dass die Betroffenen, wenn sie noch sehr klein waren oder diese Erlebnisse sehr effektiv verdrängt haben, sich nicht mehr bewusst daran erinnern können. Die »Schädigung«, die sie dennoch erlitten haben, äußert sich dann häufig erst im Erwachsenenalter in zum Beispiel massiven sexuellen Störungen, möglicherweise auch in Essstörungen. Auch hier ist therapeutische Hilfe unbedingt notwendig, wenn man den Verdacht hat, es könnte in der eigenen Vergangenheit Missbrauchssituationen in der Familie oder mit anderen Erwachsenen gegeben haben.

Hier noch einmal meine Tipps im Überblick:

- Reden Sie mit Ihrem Partner über traumatische oder verstörende Erlebnisse aus der Kindheit oder aus früheren Beziehungen, damit er überhaupt eine Chance hat, mit diesem Problem umzugehen. Manchmal ist es sogar so, dass man einfach nur das Verständnis des Gegenübers braucht und das Problem sich allein dadurch schon lösen kann. Natürlich kann es auch passieren, dass der andere sagt: »Damit werde ich nicht fertig, ich fühle mich davon überfordert.« Oder er sagt vielleicht: »Ich möchte gern mit dir zusammensein, aber mit deiner Vergangenheit will ich nichts zu tun haben.« Im letzteren Fall liegt die Entscheidung bei Ihnen, ob Sie die Partnerschaft trotzdem weiterführen und sich einen anderen Gesprächspartner für Ihr Problem suchen möchten. Sicher sind unsere Partner nicht dazu verpflichtet, unsere »Altlasten« mitzutragen. Dennoch ist die jeweilige Problematik häufig ein wichtiger Aspekt für das Funktionieren oder das Scheitern einer Beziehung und sollte daher nach Möglichkeit nicht ausgeklammert werden.
- Wenn Sie merken, dass Sie das Problem allein bzw. mit Ihrem Partner nicht lösen können, sollten Sie sich unbedingt professionelle Hilfe holen. Das Einbeziehen des Partners in eine Beratung oder eine Therapie ist dann meistens sehr hilfreich. Insbesondere Kindheitstraumata wie Verlust- oder Missbrauchserfahrungen lassen sich in der Regel nicht allein auflösen. Auch bei Essstörungen sollte man unbedingt einen Arzt und/oder Therapeuten aufsuchen.

Das rät Paartherapeut Torsten Klatt-Braxein

Wenn meine eigenen Verhaltensmuster mir in Beziehungen immer wieder leidvoll vor die Füße fallen, ist das ein Fall für den Psychotherapeuten. Bis man bemerkt, dass sich im eigenen Leben Strukturen immer wiederholen, ist man meist schon 35 oder 40 Jahre alt und hat vielleicht schon drei, vier oder mehr enttäuschende Erfahrungen in Partnerschaften gemacht.

Bei aller Notwendigkeit zur Reflexion der eigenen Verhaltensmuster müssen wir aber auch anerkennen, dass Weggehen nicht immer die falsche Lösung ist, sondern auch eine naheliegende Lösung sein kann. In jedem Fall ist es eine mögliche Alternative. Denn man muss ja immer berücksichtigen, dass jemand, der immer wieder ein bestimmtes Muster lebt, offenbar nur dieses eine Muster zur Verfügung hat. Ich habe es dann auch schon erlebt, dass solche Menschen irgendwann einen Partner getroffen haben, zu dem eben dieses eine Muster genau passte, und beide eine glückliche Beziehung haben konnten.

Daneben sollten wir anerkennen, dass die Reflexion über die Beziehung und über bestimmte Problematiken, die ein Partner aus seiner Geschichte mitbringt, kein Garant dafür ist, dass die Beziehung hält. Es gibt Paare, die so viel reflektieren, dass das Zusammenleben gar keine Leichtigkeit und Unbedarftheit mehr hat, was ebenfalls zu einer Trennung führen kann. So etwas passiert gerade bei sehr kognitiv veranlagten Menschen und kann durch eine Psychotherapie sogar verstärkt werden.

Eine unterstützende Maßnahme, mit größeren Problematiken in der Partnerschaft umzugehen, kann auch darin bestehen, dass man den Fokus stärker auf die verbindenden Elemente der Beziehung legt als auf die trennenden Probleme, etwa auf ein gut funktionierendes sexuelles Verhältnis, auf das Verfolgen höherer Ziele/Werte, auf ein harmonisches Leben mit den Kindern oder auf gemeinsame Hobbys.

Jemand, der trotz guten Willens merkt, dass seine essenziellen Bedürfnisse in der Partnerschaft über einen langen Zeitraum nicht erfüllt werden, hat selbstverständlich jedes Recht, diese Beziehung zu beenden. Allerdings sollte er seinen Partner an diesem Trennungsprozess teilhaben lassen und ihn nicht einfach vor vollendete Tatsachen stellen. Denn wir müssen immer bedenken, dass es für den Verlassenen anschließend Schwerstarbeit ist, diesen Prozess später zu rekonstruieren, über den er die ganze Zeit im Dunkeln gelassen wurde. Vielleicht hätte der Partner durchaus einen Weg gefunden, die Beziehung in eine andere Richtung zu lenken, sodass es gar nicht zur Trennung gekommen wäre.

Partnerschaften brauchen den Raum, sich zu entwickeln. Wer den anderen von der eigenen Entwicklung förmlich abkoppelt, kappt damit eine wichtige Verbindung, die für das dauerhafte Funktionieren der Beziehung von größter Bedeutung ist.

Das sagten Klienten der Liebeskummerpraxis im Rahmen einer Umfrage zum Thema »Ausbruch statt Auseinandersetzung«

»Der größte Stolperstein war bei uns durch den Job der Felsbrocken der Eifersucht, aber der ist mittlerweile zu einem Kiesel geworden.«

»Meine letzte Beziehung ist an der Bindungsangst meines Partners gescheitert.«

»Ein Problem in unserer Beziehung ist, dass meine Frau leider überhaupt nicht kritikfähig ist.«

Typische Sätze beim Schlussmachen und was sie bedeuten

Es gibt keinen schönen Weg, um eine Liebe zu beenden. Menschen, die eine Partnerschaft aber beenden wollen, um sich dadurch um eine Auseinandersetzung mit ihren eigenen Problemen herumzudrücken, versuchen besonders oft, es sich leicht zu machen. Das sind die Klassiker der »Konfliktscheuen«:

- »Es liegt nicht an dir, es liegt an mir.« Oder: »Ich bin nicht gut genug für dich.«

Toll, soll das heißen, dass ich meine besten Jahre an jemanden verschwendet habe, der es nicht Wert ist und das auch noch weiß? Dieser Satz kommt von typischen Konfliktvermeidern. Sie haben Angst vor langen Diskussionen und glauben, indem sie sich als Sündenbock anbieten, kämen sie aus der Nummer schnell raus.

- »Wir haben zu unterschiedliche Vorstellungen vom Leben.«

Oft hört man diesen Satz auch nach vielen Beziehungsjahren, in denen gemeinsame Ziele nie angezweifelt wurden. Die Person, die diesen Satz sagt, ist mit ihrer momentanen Lebenssituation unzufrieden, vielleicht fühlt sie sich eingeengt. Anstatt das Problem gemeinsam anzugehen, schiebt der Schlussmachende die schwierigen Lebensumstände auf den Partner. Er sucht nach einer neuen Richtung, möchte fliehen. Dabei gibt er dem anderen keine Chance, an dieser Veränderung mitzuwirken.

- »Ich bin gerade nicht bereit für eine Beziehung.«

Na, das fällt dir ja früh ein! Zu 80 Prozent ist das eine dumme Ausrede, um sich schnell zu verabschieden, anstatt sich mit Problemen auseinanderzusetzen.

Silvia Fauck auf ElitePartner.de

Manchmal ist der Spatz in der Hand in Wirklichkeit eine Taube: Wertschätzung in der Partnerschaft leben

Das rät die Liebeskummer-Expertin

In meiner Liebeskummerpraxis erlebe ich es gar nicht so selten, dass Menschen mit Liebeskummer zu mir kommen, die nicht verlassen wurden, sondern ihren Partner selbst verlassen haben. Nach wenigen Wochen haben sie ihre Entscheidung bereut und trauen sich entweder nicht, nun wieder reumütig an die Tür des Expartners zu klopfen – oder mussten nun ihrerseits vom verletzten Verschmähten einen Korb in Empfang nehmen.

Wenn ich sie dann frage, warum sie ihren Partner denn überhaupt verlassen haben, wenn sie ihn doch nun plötzlich so sehr lieben, wissen sie die Antwort meist selbst nicht. Von denjenigen, die die Partnerschaft in sehr jungen Jahren eingegangen sind, höre ich auch oft: »Ich wollte noch mal was anderes erleben, ich hatte Angst, etwas zu verpassen, wenn ich am Ende nur diesen einen Partner hatte.«

Dieser Gedanke ist durchaus verständlich. Zum einen vermag man vielleicht nicht einzuschätzen, ob der Partner denn wohl »gut genug« ist oder nicht, wenn man keinen Vergleich hat. Zum anderen ist es wohl allzu menschlich, dass man häufig nicht mehr zu schätzen weiß, was einfach »da« ist. In einer langjährigen Beziehung etablieren sich zwangsläufig gewisse Selbstverständlichkeiten, sodass man sich irgendwann gar nicht mehr vorstellen kann, wie es wäre, wenn sie nicht da wären. Erst wenn der vertraute Mensch, über den ich mich vielleicht im Alltag auch häufig geärgert habe, auf einmal nicht mehr da ist, erkenne ich, was er mir bedeutet und was er mir an Zuwendung gegeben hat.

Noch mehr als in allen anderen in diesem Buch beschriebenen Liebeskummerfallen gilt es hier, die Liebe lebendig zu halten.

Das erreichen Sie beispielsweise durch folgende Verhaltensregeln bzw. Aktivitäten:

- Fahren Sie ab und zu getrennt in den Urlaub. Sie haben dann die Chance, auch mal wieder Sehnsucht nacheinander zu spüren und schätzen zu lernen, was Sie am anderen haben. Das soll natürlich nicht heißen, dass Sie dabei keinen Spaß haben sollen – im Gegenteil, es gibt Ihnen die Gelegenheit, im Urlaub einfach mal das zu tun, worauf Sie Lust haben und wozu Sie Ihren Partner/Ihre Partnerin in einem gemeinsamen Urlaub niemals bewegen könnten. Vielleicht machen Sie dann eine Motorradtour mit den Kumpels oder einen Wellness-Urlaub mit Ihrer besten Freundin. Wenn Sie zurückkommen, werden Sie sich auch endlich mal wieder etwas Neues zu erzählen haben.

- Sprechen Sie mit anderen Paaren über Beziehungen: Wo liegen bei euch eigentlich die Stolpersteine? Wo harmoniert ihr besonders gut? Wie geht ihr mit Problemen um? Sie werden mit Sicherheit feststellen, dass andere ähnliche Probleme haben wie Sie. Und gleichzeitig werden Sie die Erfahrung machen, dass Sie sich vielleicht in Bereichen sehr gut verstehen, wo andere ständig aneinandergeraten. Es geht dabei nicht darum, andere Paare abzuwerten oder über deren Probleme »herzuziehen«, sondern Ihr Wir-Gefühl mit Ihrem Partner zu stärken und sich von anderen Impulse zu holen, mit eigenen Konflikten mal anders umzugehen, als Sie es sonst immer tun.

- Falls Sie Kinder haben, rate ich Ihnen: Stellen Sie ruhig auch mal Ihre Partnerschaft in den Mittelpunkt. Wenn Sie irgendeine Möglichkeit haben, die Kinder von jemand anderem betreuen zu lassen (Großeltern, Babysitter, Freunde), gönnen Sie sich zwischendurch ein Wochenende zu zweit. Sie werden feststellen, wie gut das Ihrer Partnerschaft tut und wie sich das auch positiv auf Ihr Familienleben auswirken wird. Denn wo es den Eltern untereinander gut geht, werden meistens auch die Kinder zufriedener sein.

- Bleiben Sie aufmerksam füreinander: Verwöhnen Sie sich gegenseitig hin und wieder mit Geschenken und Liebesbeweisen. Das muss nicht immer die große Inszenierung sein, manchmal reicht ja auch ein liebevoll geschriebenes Kärtchen, dass Sie dem Partner in die Aktentasche legen, oder wenn Sie dem anderen mitten in der Woche mal sein Lieblingsessen kochen. Und Aufmerksamkeit zeigt sich noch auf einer anderen Ebene: Wenn Ihr Partner oder Ihre Partnerin Ihnen signalisiert, dass Sie jetzt besonders gebraucht werden, dürfen Sie auch gern mal ein Fußballspiel sausen lassen, den Friseurtermin verschieben oder sich vielleicht sogar aus einem wichtigen Meeting entschuldigen. Das wird Ihrem Partner zeigen, dass er für Sie wirklich die Nummer 1 ist.

● Und das Allerwichtigste für jedes Paar: Verlieren Sie die Achtung voreinander nicht. Beschimpfungen unter der Gürtellinie, Verunglimpfungen des Partners bei Dritten oder Ähnliches gehören nicht in eine Partnerschaft (und auch sonst in keine respektvolle zwischenmenschliche Beziehung). Niemand hat das Recht, sich in diesem Punkt gehen zu lassen – und wenn ein Partner sein Verhalten nicht im Griff hat, ist eine Trennung womöglich die beste Lösung für alle Beteiligten.

Bei manchen Paaren oder Einzelpersonen, die bei mir ins Coaching kommen, ist allerdings gar nicht die »Beziehungsmüdigkeit« oder die mittlerweile langweilig scheinende Routine das Problem, sondern der Einfluss, den einer oder beide Partner Dritten gewähren. Hier geht es sehr häufig um die viel zitierte »böse« Schwiegermutter, die durch fortwährendes Einmischen die Harmonie stört. In einer solchen Situation sollte man zu einem offen besprochenen Agreement kommen, bevor die Beziehung deswegen aufs Spiel gesetzt wird. Das kann beispielsweise sein: »Du kannst gern (mit den Kindern) zu deinen Eltern fahren, aber ich möchte die Freiheit haben, dich nicht zu begleiten.« – Und diese Vereinbarung sollte dann eingehalten werden, wie es von zwei erwachsenen Menschen erwartet werden darf: Der eine darf fahren, ohne dass der andere dann drei Tage lange herumnörgelt oder jammert, der andere darf unter denselben Voraussetzungen zu Hause bleiben. Und Kinder sollten in diesem Fall nicht benutzt werden, um die eigenen Interessen durchzusetzen.

Es ist auch verständlich, dass jemandem die eigenen Eltern wichtig sind. Eine Entscheidung »Ich oder deine Eltern« sollte daher nur in ganz extremen Fällen eingefordert werden, etwa wenn man mit den Eltern des Partners in einem Haus lebt und unter diesen Bedingungen keine Perspektive für das Zusammenleben mit dem Partner mehr sieht.

Ich selbst habe folgende Erfahrung gemacht: Als junges Paar, unsere Kinder waren noch sehr klein, lebten wir im selben Ort wie die Eltern meines Mannes. Meine Schwiegermutter hatte damals einen Schlüssel für unsere Wohnung, was ja zunächst einmal auch ganz sinnvoll und in Ordnung ist. Nur nutzte sie diesen Schlüssel dazu, jederzeit unangemeldet und uneingeladen in unsere Wohnung zu spazieren. So schneite sie beispielsweise mit Vorliebe abends um halb sieben herein, »um ihre Enkelkinder zu sehen«, während ich gerade dabei war, die Kinder mühsam zur Ruhe zu bringen und für die Nacht fertig zu machen.

Als ich mich meinem Mann gegenüber darüber beklagte, antwortete er: »An erster Stelle kommen meine Eltern und an zweiter Stelle kommst du.« Sie können sich vorstellen, dass der Haussegen daraufhin mächtig schief hing. Wir stritten die halbe Nacht und die andere Hälfte war eisige Funkstille zwischen uns. Am nächsten Tag habe ich ein paar Sachen für mich und meine Kinder gepackt und fuhr in unser Ferienhaus. Es hat dann sage und schreibe eine Woche gedauert, bis mein Mann hinterherkam! Das zeigt deutlich, wie wichtig ihm seine Eltern wirklich waren. Bis zum Tod seiner Eltern blieb dieses Thema zwischen uns hoch explosiv. Sogar unsere Kinder konnten unsere Konflikte ganz gezielt darauf zurückführen, denn als meine Schwiegermutter verstorben war, sagte eine meiner Töchter, damals achtjährig, zu meinem Mann: »Das tut mir so leid, Papa, dass du keine Mama mehr hast, aber jetzt haben wir nie wieder Krach!«

Heute würde ich versuchen, eine konstruktive Lösung zu finden, um sich nicht ewig an einem Thema aufzureiben, das mit unserer Liebe letztlich gar nichts zu tun hatte.

Eine andere typische Konstellation, an der Ehen scheitern, die im Grunde harmonisch sind und gute Perspektiven hätten, möchte ich als Verkettung von »unglücklichen« Umständen und darauffolgenden Überreaktionen bezeichnen: Die Kette beginnt damit, dass ein Partner, der sonst gar kein »Betrügertyp« ist, ein einziges Mal fremdgeht, weil es sich irgendwie »ergeben« hat – sei es auf einer Fortbildung, nach einem Klassentreffen, an einem feucht-fröhlichen Abend mit Kollegen oder sonstwo. Damit ist der erste »Fehler« passiert. Der zweite Fehler besteht darin, dass dieser Partner dem anderen seine Sünde beichtet, weil er partout nicht mit seinem schlechten Gewissen klarkommt, obwohl er der ganzen Geschichte gar keine große Bedeutung beimisst und sicher ist, dass sie sich nicht wiederholen wird. Auf der anderen Seite folgt dann die Überreaktion: Der betrogene Partner rastet total aus und setzt den Betrüger unverzüglich vor die Tür.

In solchen Fällen werden langjährige Beziehungen ohne zu zögern wegen eines einzigen Vorfalls über den Haufen geworfen, ohne dass das Paar gemeinsam versucht hätte, die Krise auf andere Weise zu überwinden. Nicht selten sitzen dann beide da und denken: Schade, dass wir keinen anderen Weg gefunden haben, denn eigentlich haben wir doch eine gute Ehe geführt …

Deshalb ist diese Situation auch die absolut einzige, in der ich das Sprichwort: »Reden ist Silber, Schweigen ist Gold« unterschreiben möchte. Denn wenn es wirklich so ist, dass der Seitensprung für Sie bzw. Ihre Beziehung zu Ihrem Partner/Ihrer Partnerin keine tiefere Bedeutung hatte, sollten Sie wirklich noch einmal abwägen, welchen Nutzen es für Sie UND für den anderen hätte, wenn Sie ihm davon erzählen. Oft bleibt nur eine unnötige Verletzung, die Sie Ihrem Partner vielleicht einfach ersparen sollten. Wenn Sie meinen, Sie haben etwas gutzumachen, verwöhnen Sie ihn doch einfach mit etwas mehr Aufmerksamkeit und Liebe und behalten Sie den Rest für sich. In den meisten Fällen sind es nämlich ohnehin sehr egoistische Motive, die jemanden dazu bringen, einen solchen Faux-pas zu beichten: Man will sein eigenes schlechtes Gewissen loswerden und Absolution vom anderen erhalten. Was das aber in der Partnerschaft für einen Schaden anrichten kann, hat man in diesem Moment noch gar nicht im Blick – denn nun geht es los mit dem Ringen zwischen Vertrauen und Kontrolle.

Das rät Paartherapeut Torsten Klatt-Braxein

Wer die Erfahrung gemacht hat, dass er eine Partnerschaft vorschnell beendet hat und es im Nachhinein bereut, tut gut daran, sein eigenes Verhalten einmal gründlich zu reflektieren – unabhängig davon, ob er die Chance auf eine Rückkehr zu diesem Partner sieht oder nicht. Das funktioniert beispielsweise ganz einfach, indem man sich ein Blatt Papier nimmt und aufschreibt: Was ist gut gelaufen, was ist schlecht gelaufen in dieser Partnerschaft? Woran habe ich vielleicht größeren Anteil und woran hatte mein Partner größeren Anteil (an negativen und an positiven Dingen!). Was möchte ich in einer Partnerschaft nie wieder erleben, und in welche Beziehungsmuster möchte ich nicht wieder hineingeraten?

So etwas kann eine sehr intensive Form der Auseinandersetzung werden. Wenn man damit allein nicht klarkommt, kann man sich dafür auch Hilfe holen.

Häufig stellen Menschen dabei fest, dass sie, womöglich unbewusst, Besitzansprüche an den anderen gestellt und diese für selbstverständlich genommen haben. Allein die Formulierung »mein Mann« oder »meine Frau« drückt das aus. Respektvoller wäre es im Grunde, wenn man sagte »Das ist der Mann, der mit mir lebt«, anstatt »Das ist mein Mann«. Und hier komme ich wieder auf das zurück, was ich an anderer Stelle bereits gesagt habe: Eine Partnerschaft ist immer ein Geschenk, dass jemand freiwillig gibt und das man sorgsam behandeln muss. Es darf niemals für selbstverständlich genommen werden.

Es gibt Menschen, die sind mit diesem Geschenk überfordert. Sie haben vielleicht nicht die Kraft, es dauerhaft zu tragen und zu pflegen. In einem solchen Fall muss das Gegenüber diese Entscheidung akzeptieren, denn schließlich kann man niemanden zu seinem Glück zwingen. Wer denkt, das Glück liege in der Ferne, und von Beziehung zu Beziehung hüpft, den kann man durch gute Worte nicht aufhalten. Solchen Menschen werden immer wieder denken: Ach, der oder die ist aber doch attraktiver als mein Partner/meine Partnerin, und – schwupps! – sind sie schon wieder auf dem Sprung.

Wer sich so verhält, vermeidet Selbstreflexion, Nähe, Trauer. Erst wenn dieses Verhalten zu einem leidvollen Muster wird, wird so jemand eine Motivation haben, diesem Muster zu entkommen.

Was Sie bedenken sollten, bevor Sie sich trennen

Auch wenn Ihnen das Gras auf der anderen Seite noch so grün erscheint – es schadet nie, wichtige Entscheidungen noch einmal gründlich zu überdenken, bevor man sie in die Tat umsetzt. Denn welche »Alpträume« Ihnen erst einmal blühen, wenn Sie wieder als Single durchs Leben gehen, hat eine Studie des Partnerportals ElitePartner.de ergeben. Die Top 10 der schlimmsten Single-Situationen sind:

1. Abend unter Paaren (59 %)
2. Einsame Abende (47 %)
3. Begegnung mit dem/der Ex, zusammen mit seinem/ihrem neuen Partner (42 %)
4. Silvester und Neujahr (42 %)
5. Weihnachten (41 %)
6. Einladung zu einer Feier mit Partner (40 %)
7. Allein kochen bzw. essen (34 %)
8. Ein Freund ist frisch verliebt (30 %)
9. Der eigene Geburtstag (28 %)
10. Beste Freundin/bester Freund heiratet (26 %)

Quelle: Single-Studie Januar 2009 (7.430 Befragte)

Das sagten Klienten der Liebeskummerpraxis im Rahmen einer Umfrage zum Thema »Nur das Negative sehen«

»Nach meinen eigenen Erfahrungen und dem, was man im Freundeskreis so hört, habe ich den Eindruck, dass bei vielen Menschen eine mangelnde Bereitschaft (oder Fähigkeit) zu einer dauerhaften Bindung vorhanden ist. Gerade in Großstädten gibt es ja auch immer genügend ›verlockende‹ Alternativen.«

»Ich würde an mir gern ändern, dass ich nicht immer das Negative so extrem sehe und die positiven Seiten vernachlässige.«

»Ich schätze seine Loyalität, vor Fremden schwärmt er noch immer von mir.«

»Mich stört sein Zynismus/Sarkasmus. Manchmal fürchte ich mich regelrecht, ihm meine Schwächen oder Ängste zu offenbaren, weil ich dann denke: Jetzt kommt ein ironischer Spruch, der mich eher verletzt als aufbaut.«

Glücksrezepte – Die Beziehungs-geheimnisse von Menschen, die eine harmonische Partnerschaft leben

Laut einer Studie des Partnerportals ElitePartner.de sind dies nach Aussage von Menschen in glücklichen Partner-schaften die TOP 10 Tipps, die eine Beziehung zusammen-halten:

1. Liebe und Zuneigung (96,9 %)
2. Gegenseitiges Vertrauen, Offenheit und Ehrlichkeit (95,9 %)
3. Gegenseitige Toleranz, einander annehmen, wie man ist (95,3 %)
4. Sich gegenseitig unterstützen, vor allem, wenn es einem von beiden einmal schlecht geht (93,5 %)
5. Konflikte offen ansprechen und vor allem gemeinsam lösen (92,3 %)
6. Den anderen attraktiv finden; dabei sind auch Zärtlich-keit und Sex wichtig (90,6 %)
7. Gegenseitige Treue (89 %)
8. Dem anderen Freiräume zugestehen und ihn nicht unnö-tig einengen (85,8 %)
9. Gemeinsame Verantwortung für Kinder übernehmen (80,1 %)
10. »Gleiche Wellenlänge« durch ähnliche Ansichten und Wertvorstellungen (76,9 %)

Quelle: LiebesTrendMonitor 2007 (3.880 Befragte)

Und so halten (ehemalige) Klienten und Freunde der Liebeskummerpraxis ihre Liebe lebendig

»Meiner Ansicht nach hält man eine Partnerschaft lebendig, indem man nicht nur ein ›Wir‹, sondern auch noch ein eigenes, unabhängiges Leben hat – das man dann wieder teilen kann, und so neue Impulse gibt/bekommt.«

»Mein Freund macht mir häufig Komplimente und geht auch im Streit auf mich zu. Ich versuche umgekehrt nicht so rechthaberisch zu sein und auch mal einen Streit zu vermeiden. Manchmal ist es wichtig, etwas einfach so zu akzeptieren, wie es ist, anstatt sich darüber zu streiten.«

»Grundsätzlich ist es wichtig, dem Partner zu zeigen, dass man oft an ihn denkt. Das kann durch kleine Gesten oder auch kleine Aufmerksamkeiten erfolgen. Ich bringe meinem Partner zum Beispiel manchmal vom Einkaufen eine Kleinigkeit mit, von der ich weiß, dass er sie besonders gern mag. Oder ich erledige schon einmal eine kleine Aufgabe für ihn, von der ich weiß, dass er sie vielleicht vergessen hat oder sie besonders ungern erledigt. Es geht einfach darum, zu zeigen, dass man sich darum bemüht, dass der Partner sich wohlfühlt. Oft sind kleine Zeichen im Alltag viel wichtiger als große Geschenke.«

»Ich finde es ganz wichtig, dass man neben den gemeinsamen Aktivitäten auch seine eigenen Interessen weiterhin verfolgt. Wenn man unabhängig voneinander eigene Geschichten erlebt, profitiert der Partner letztendlich auch davon. Man hat sich immer etwas zu erzählen und entwickelt auch wieder Sehnsucht nacheinander. Auf keinen Fall sollte man aus meiner Sicht alles gemeinsam unternehmen oder dem anderen gegenüber Verbote aussprechen.«

»Wir teilen alles miteinander, gute wie schmerzhafte Gefühle und (Lebens-)Situationen. Wir streiten, wenn es sein muss, und dann fast immer konstruktiv. Wir entschuldigen uns lieber einmal

zu viel. Wir begegnen einander immer auf Augenhöhe, überneh-
men Verantwortung für den anderen, achten darauf, dass keine
Fragen offen bleiben, betreiben Psychohygiene durch gnadenlo-
ses ›Kindsein‹ (ein Erlebnis selbst für Kinder).«

»Wir sind uns erst mit Mitte 40 begegnet und erachten diese
›späte Liebe‹ als größtes Geschenk. Entsprechend hat von An-
fang an der unbedingte Wunsch, auch das Trennende stets zum
Gegenstand unserer Gespräche/Auseinandersetzungen zu ma-
chen, dazu geführt, dass alle Stolpersteine nicht mehr sind als
gelegentliche ruppige Anpassungsprozesse.«

»Eine Beziehung hält man am besten lebendig, wenn man sie
nicht als selbstverständlich erachtet und man sie dementspre-
chend ›pflegt‹. Das heißt, man sollte weiterhin Kompromisse
schließen, sich umeinander bemühen, versuchen füreinander at-
traktiv zu bleiben etc. Dabei darf im Laufe einer Beziehung aber
nie die Eigenständigkeit der beiden Personen verloren gehen.
Denn letztlich bleibt man immer ein Individuum, das sein Leben
mit einem anderen teilt, aber nicht im Leben des anderen auf-
geht!«

»Ich denke, ein guter Wechsel aus Nähe und Distanz ist wichtig.
Außerdem natürlich Respekt vor dem anderen, sich auch auf
Sichtweisen einlassen, die einem erst mal fremd erscheinen.
Außerdem halten kleine Liebesbeweise die Beziehung lebendig,
zum Beispiel dem anderen immer wieder kleine Überraschungen
bereiten, ihn mal zum Essen einladen oder ihm ein schönes
Frühstück machen …«

»Für mich ist das Wichtigste: Ehrlichkeit, einander zuhören und
durch besondere Unternehmungen den monotonen Alltag durch-
brechen.«

Und was sind dagegen die absoluten »No-Gos«?

Laut einer Studie von ElitePartner.de bringen diese fünf
Sätze von Frauen Männer so richtig auf die Palme:

»Findest du mich zu dick?« (51 %)
»Am Anfang warst du viel romantischer.« (32 %)
»Du warst auch schon mal schlanker.« (31 %)
»Was denkst du gerade?« (29 %)
»Wir müssen reden.« (27 %)

Umgekehrt reagieren Frauen ziemlich allergisch auf diese
Sätze von Männern:

»Wie war ich?« (80 %)
»Hast du ein bisschen zugenommen?« (47 %)
»Fahr nicht so langsam!« (28 %)
»Schon wieder neue Schuhe!« (25 %)
»Musst du alles deiner besten Freundin erzählen?« (18 %)
Quelle: LiebesTrendMonitor 2008 (4.544 Befragte)

Literaturempfehlungen

Sabine Asgodom: Liebe wild und unersättlich. Für Frauen, die sich trauen, das Glück zu leben. München 2008
Ein Buch, das nicht nur Frauen ermutigt, sich für die Liebe zu entscheiden – sieben Tage die Woche, 24 Stunden am Tag. Auf der Basis ihrer eigenen Erfahrungen gibt die Autorin Anregungen und Tipps, wie man die Liebe lebendig hält und Krisen gemeinsam übersteht.

Alexandra Berger: Liebe aus dem Koffer. Lust und Frust in der Wochenendbeziehung. Stuttgart 2003
Jedes achte Paar im deutschsprachigen Raum lebt in einer Wochenendbeziehung. Kann das gut gehen? Alexandra Berger gibt Informationen und Tipps rund ums Thema Fernbeziehung und zeigt auf, wie man mit der Liebe aus dem Koffer glücklich werden kann.

Hauke Brost: Wie Männer ticken. Über 100 Fakten, die aus jeder Frau eine Männerversteherin machen. Berlin 2005
Hauke Brost/Marie Theres Kroetz-Relin: Wie Frauen ticken. Über 100 Fakten, die aus jedem Mann einen Frauenversteher machen. Berlin 2006
Zwei Bücher, die dem jeweils anderen Geschlecht das Seelenleben von Männern und Frauen in unterhaltsamer Weise näherbringen. Ein unverzichtbarer Ratgeber, der Ihnen hilft, Ihren Partner besser zu verstehen und kleinere Beziehungskrisen humorvoll zu meistern.

Alex Rovira Celma/Fernando Trias de Best: Die Fortuna-Formel. Wie Sie die Voraussetzungen für Ihr Glück schaffen. München 2004
Verpackt in ein Märchen, beschreiben die Autoren, was jeder Mensch dafür tun kann, glücklich zu sein – und dass man immer zuerst bei sich selbst anfangen muss, ganz gleich, ob man das Glück in einer Partnerschaft, im Beruf, im Familienleben oder anderswo sucht.

Hans Jellouschek: Wie Partnerschaft gelingt – Spielregeln der Liebe. 4. Auflage. Freiburg 2009
Einer der bekanntesten Paartherapeuten Deutschlands schreibt über die Kunst der dauerhaften Liebesbeziehung. Wer weiß, nach welchen Regeln das Prinzip Partnerschaft funktioniert, wird auch Beziehungskrisen mit Toleranz, Besonnenheit und Selbstreflexion bewältigen.

Verena Kast: Wenn wir uns versöhnen. Stuttgart 2005
Was heißt es, zu verzeihen und sich zu versöhnen? Was ist daran so schwierig und wie kann es dennoch gelingen? Wenn uns Verzeihen und Versöhnung auch manchmal als langwierige Prozesse erscheinen, so die Autorin, können sie uns doch zu größerer Freiheit führen. Versöhnung hilft uns, die Vergangenheit loszulassen.

Byron Katie: Lieben was ist. Wie vier Fragen Ihr Leben verändern können. 10. Auflage. München 2008
Mut zur Selbsterkenntnis gehört zu den wichtigsten Voraussetzungen, um sich selbst zu lieben. Und nur wer sich selbst liebt, ist in der Lage, eine offene, entwicklungsfähige Liebesbeziehung zu führen. Byron Katie entwickelte eine ebenso einfache wie wirkungsvolle Methode, die Wahrheit über sich selbst zu erfahren und ein glückliches Leben zu führen.

Julia Onken: Die Kirschen in Nachbars Garten: Von den Ursachen fürs Fremdgehen und den Bedingungen fürs Daheimbleiben. München 2006
Eine umfassende psychologische Sicht auf das komplexe Phänomen des Fremdgehens. Anschaulich beschreibt die Therapeutin Julia Onken die wichtigsten Faktoren, die zum Fremdgehen führen.

Dietrich Schwanitz: Männer. Eine Spezies wird besichtigt. Frankfurt/M. 2001
Wie viel ist in den letzten Jahren über das Seelenleben der Frau geschrieben worden – von Frauen, die zu sehr lieben, bis zu de-

nen, die nicht einparken können. Ein erfrischendes, unterhaltsames Gegengewicht bietet hierzu das Buch von Dietrich Schwanitz, der sich nicht scheut, sich selbst zum Objekt sozialwissenschaftlicher Analyse zu machen.

Jürg Willi: Was hält Paare zusammen? Der Prozeß des Zusammenlebens in psycho-ökologischer Sicht. 10. Auflage. Reinbek 2006
Der Paartherapeut Jürg Willi erforscht das Geheimnis dauerhafter Liebesbeziehungen. Nur Paaren, die im Austausch mit ihrer Umwelt leben und wachsen, ist langfristiges Glück beschieden, so das Fazit des Autors.

Stefan Woinoff: Überlisten Sie Ihr Beuteschema: Warum immer mehr Frauen keinen Partner finden – und was sie dagegen tun können. München 2007
Stefan Woinoff untersucht die Ursachen dafür, warum viele Frauen heute keinen Partner finden: Wir haben unsere archaischen Beutemuster so verinnerlicht, dass wir immer noch danach leben – obwohl Frauen sich doch inzwischen sehr gut selbst ernähren und durchaus nicht mehr jeder Mann körperlich dazu in der Lage wäre, eigenhändig das Wild zu erlegen. Unterhaltsam und undogmatisch geschrieben, regt das Buch dazu an, über das eigene Rollenverhalten nachzudenken.

Kontakt

Die Liebeskummerpraxen von Silvia Fauck:

Berlin
Hohenzollerdamm 199
10717 Berlin
Tel.: 0 30 / 86 31 31 00
fauck@silvia-fauck.de
www.liebeskummer-praxis.de
www.liebeskummercoaching.com

Hamburg
Eppendorfer Landstraße 21
20249 Hamburg
Tel.: 0 30 / 86 31 31 00
www.liebeskummercoaching.com

München
Regine Sennefelder
Waldgartenstraße 61
81377 München
Tel.: 0 89 / 44 22 71 31
www.liebeskummercoaching.com

Silvia Fauck im Kreuz Verlag

Silvia Fauck / Helga Felbinger
Liebeskummer
Wenn das Herz zu brechen droht
ISBN 978-3-7831-2781-2

Wer Liebeskummer hat, so Silvia Fauck, der fühlt sich, als habe sich der
Erdboden unter den Füßen aufgetan. Das gilt besonders, wenn der andere
die Beziehung plötzlich beendet hat, wenn es scheinbar keinen Grund gab
für die Trennung. Für die Verlassenen ist diese Situation vergleichbar mit
dem Tod eines Verwandten oder Freundes. Liebeskummer ist ein Thema,
mit dem man schlafen geht, das neben dem Bett steht und darauf wartet,
dass man wieder aufwacht. Er ist der seelische und oft auch finanzielle Ruin
für die Betroffenen.

Silvia Fauck
Das Liebeskummer-Buch für Männer
Geschichten und Tipps
ISBN 978-3-7831-3175-8

Silvia Fauck weiß, wie Männer Liebeskummer erleben, und was ihnen hilft,
das Leid zu überwinden. Denn 70 Prozent der Klienten in ihrer
Liebeskummer-Praxis sind Männer. Die Autorin beschreibt unter Rubriken
wie „Plötzlich und unerwartet: Ich wurde verlassen" ebenso einfühlsam wie
humorvoll die Erfahrungen Liebesleid geprüfter Männer. Liebeskranke
Männer können sich mit den Geschichten der anderen Männer
identifizieren und sich an deren Wegen aus der Krise orientieren.
Außerdem gibt die Autorin konkrete Tipps und beantwortet Fragen wie
„Ich wurde schon mehrfach verlassen: Bin ich beziehungsunfähig?" oder
„Woran merke ich, dass meine Partnerin mich betrügt?" Ein Lesebuch der
besonderen Art, das Männern in der Liebeskrise Trost, Rat und Hilfe gibt.

Wie Partnerschaft gelingt

Roswitha Defersdorf
Frischer Wind für die Partnerschaft
Besser miteinander reden
Band 6039

Die Art, wie Paare miteinander reden, schleift sich über die Jahre oftmals erschreckend ein. Die Autorin lässt einen entdecken, was mit Sprache möglich ist.

Wolfgang Hantel-Quitmann
Die Liebe, der Alltag und ich
Partnerschaft zwischen Wunsch und Wirklichkeit
Band 5561

Der Autor schildert anschaulich und humorvoll, wie es gelingen kann, die große Liebe im Alltag wieder zu finden und zu leben.

Wolfgang Hantel-Quitmann
Der Geheimplan der Liebe
Zur Psychologie der Partnerwahl
Band 6018

Der renommierte Paartherapeut hat untersucht, wie Partnersuche funktioniert. Er beschreibt die Wege und Irrwege, die offenen und verborgenen Motive der Partnerwahl.

Andrea Naumann
Der kleine Therapeut
Paare, Pannen und Neurosen
Band 5646

Die Komik in zwischenmenschlichen Beziehungen – und in der Therapie danach. Für alle, die das Leben nicht zu ernst nehmen. Und für alle anderen erst recht.

Rosmarie Welter-Enderlin
Paare – Leidenschaft und lange Weile
Die Kunst des Lebens zu zweit
Band 5983

Hier zeigt eine erfahrene Paartherapeutin, wie Paare in Krisen ihre Ressourcen und Entwicklungsmöglichkeiten gefunden haben, um ihr Leben in Glück und Zufriedenheit zu gestalten.

HERDER spektrum